2040 서울 메가 플랜

초판2쇄 발행 2025년 3월 14일

지은이 _ 황태연
발행일 _ 2024년 6월 20일(초판1쇄)
펴낸이 _ 우선주
펴낸곳 _ 1인1책
등록 _ 제 2017-000060호
전화 _ 02) 325-6693
이메일 _ onebook2016@hanmail.net
홈페이지 _ www.1person1book.com
주소 _ 서울특별시 은평구 증산로17길 41, 201호
편집·디자인 _ 모두북
ISBN _ 979-11-89032-44-9 (13320)
값 _ 18,000원

· 이 책의 전부 또는 일부의 무단 복제·전재·발췌를 금합니다.
· 이 책에는 생성형 AI가 그린 2040년의 미래도시 모습 이미지와 Freepik의 Sky and Glass와 Macrovector의 이미지를 사용했습니다.

2040
서울메가플랜

PROLOGUE

　　　　　　1988년 서울 올림픽을 앞두고 준공된 88도로는 필자가 출퇴근에 애용하는 길이다. 늘 고마운 도로이지만 차를 운전하다 보면 교통체증에 피곤한 일상이기도 하다. 2023년 겨울 퇴근하던 어느 날, 막히는 88도로 위를 운전하면서 미래에는 이 교통지옥이 좀 달라질까를 상상해 보았다.

　　다가올 2040년 서울에는 하늘을 나는 자율주행 드론카와 비행자동차(flying car, 플라잉카)가 등장할 것이다. 실제로 도심항공모빌리티(UAM) 기술이 도입되면서 인천국제공항과 서울 도심을 20분 이내에 드론카로 오갈 수 있다는 분석이 일반화된 지 오래다. 생각만 해도 재미난다.

　　미래교통에서 시작된 상상은 자연스레 내가 종사하고 있는 부동산 관련 주거문화의 미래를 전망하는 것으로 이어졌다. 미래 주거 공간은 인공지능(AI), 사물인터넷(IoT) 등 4차 산업혁명 기술의 고도화로 더 똑똑해질 것으로 전망된다. 한국지능정보사회진흥원(NIA)이 공개한 '2021 국가지능정보화백서'를 보면, 2021년 스마트홈 솔루션에 대한 세계 소비자 지출은 전년보다 44퍼센트 증가해 1,230억 달러(140조 원)를 기록했다. 또한 국내 스마트홈 시장 규모는 2020년 20조 6,100억 원에서 2021년 말 22조 3,100억 원으로 증가했다. 예산이 쏠리는 곳에 미래 정책과 방향이 집중되기 마련이다.

비단 스마트홈 관련 예산의 변화 추이뿐만이 아니다. 서울시는 미래공간전략이 담긴 '2040서울도시기본계획'에서 20여 년 후 서울이 지향할 도시의 미래상을 밝혔다. 여기에 미래 서울 도시의 계획 대전환이 펼쳐졌다.

서울시는 일률적인 도시계획 규제에서 탈피하여 다양한 미래의 도시를 담을 수 있는 유연한 도시계획 체계로의 전환을 강조한다. 주거, 업무 등 공간 경계가 사라지고 '나' 중심의 생활양식이 강한 디지털 대전환 시대를 맞아 '보행일상권' 개념을 새롭게 도입했다. 주거 용도 위주의 공간을 모두 개편해 서울 전역에서 주거, 일자리, 여가를 도보 30분 안에 모두 누릴 수 있는 공간으로 조성하겠다는 구상이다. 또한 절대적인 수치 기준으로 적용했던 35층 높이 제한을 삭제하고 지역 여건을 고려한 스카이라인 관리로 전환했다. 더불어 미래의 도시관리 패러다임으로서 새롭게 제시한 '비욘드 조닝(Beyond Zoning 입지규제 최소구역)'도 눈여겨볼 변화 중 하나다. 비욘드 조닝은 도시공간의 효율적인 활용을 위해 용도지역별 지정 목적은 유지하면서 지역 특성을 고려한 주거, 업무, 상업, 여가 등 융·복합적 토지이용을 도모하는 유연한 운영 체계를 의미한다.

이처럼 서울시는 2040년 미래 도시의 정책 방향을 보행일상권 조성, 수변 중심 공간 재편, 기반시설 입체화, 중심지 기능 혁신, 미래교통 인프라, 탄소중립 안전도시, 도시계획 대전환이라는 목표를 설정하고 청사진을 마련했다.

개인의 주거문화도 변화의 조짐이 일어나는데, 먼저 집의 역할이 다변화할 것으로 전망된다. 코로나19로 인해 회사 밖에서 근무하는 일이 광범위하게 시행됐고, 집은 그 효율성을 인정받으면서 우리가 직장이라고 부르는 특정한 장소로 출근하는 게 일하기의 절대적 방식은 아니라는 것이 입증되었다. 바로 재택근무가 회사의 미래이자 집의 미래로 깊숙이 자리 잡은 것이다.

PROLOGUE

페이스북의 마크 저커버그 CEO는 5~10년 이내에 전 직원의 절반 이상이 원격 근무를 하게 될 것이라고 밝혔고, 마스터카드는 전 세계에서 근무하는 직원 중 무려 90퍼센트에 달하는 인원에게 재택근무를 허용하면서 '노동의 미래'라는 이름의 태스크포스를 만들었다. 세계를 주도하는 이러한 기업의 흐름을 살펴보면 집의 개념이 달라질 것을 쉽게 예측할 수 있다.

제4차 산업혁명, 1인가구 증가, MZ세대 성장으로 우리를 둘러싼 환경과 집을 선택하는 기준이 모두 바뀔 것이고, 미래 주거문화는 혁명적인 변화를 겪게 될 것이다. 20여 년 후 펼쳐질 2040년 서울 부동산의 트렌드는 과연 무엇일까.

"도대체 왜 서울부동산의 미래를 알아야 하는데?"

우리가 서울부동산의 미래를 알려는 이유는 단 하나뿐이다. 그렇다. 지금, 이 순간 '우리의 부동산 투자를 어디에 집중할 것인가?'에 대한 해답을 찾으려는 것이다. 2024년 서울부동산의 전망은 안개 정국이다. 높은 금리, 지지부진한 재개발·재건축 현장, 경기 침체 등으로 뚜렷한 투자의 방향을 정하기 힘들다.

우리 부동산의 역사를 돌아보면 부동산 투자는 늘 상승과 하락, 기나긴 박스권을 오갔다. 따라서 부동산 미래 투자전략을 구상하는 일은 지금 시기를 대하는 중요한 기본 태도라고 생각한다.

부동산 투자의 향방은 앞으로 미래를 끌어갈 'MZ세대에게 물어보라'고 말하고 싶다. 20대와 30대는 공간 욕망에 뚜렷한 자신만의 색깔이 있다. 공간 활용이 효율적으로 이루어지는 혁신적인 설계와 편의시설을 중요시한다. 이 세대가 선호하는 부동산이 미래 자산가치가 더 높을 수밖에 없다.

　이러한 변화의 흐름을 놓치지 않으면서 부동산 미래 투자전략에 맞는 10계명을 정리하였다. 부동산 투자의 관점에서부터 투자습관에 이르기까지 독자들이 투자의 안목을 기르는 데, 밑거름이 됐으면 한다.

　이 책 1부에서는 서울의 미래 메가트렌드를 알아보았다. 미래 부동산의 향방은 이 메가트렌드 속에 감춰져 있다. 2부에서는 서울의 미래비전을 엿보았다. 서울시의 '2040서울도시기본계획'에서 나온 7대 목표를 제시한 만큼 객관적인 자료에 근거해 서울의 미래를 조망하였다. 3부에서는 미래의 변화 속에서 투자의 전략을 어떻게 세울 것인가를 위해 미래 투자전략을 10계명으로 정리하였다. 4부에서는 서울부동산 생활권의 미래가치를 동북권, 동남권, 도심권, 서남권, 서북권 등 지역별로 탐구했고, 마지막 5부에서는 미래의 부를 가져올 부동산을 분석하였다.

　필자는 '황태연의 부동산 스토리 Realty Story' 유튜브 방송을 통해 시청자들의 부동산 고민을 듣고 멘토링 하고 있다. 시청자들의 간절한 바람을 직접 듣고 조언을 건네줄 수 있어 보람이 크다. 2040년 서울부동산의 메가트렌드 분석 역시 독자들에게 부동산 투자에 대한 통찰을 줄 것이라 확신한다.

CONTENTS

■ PROLOGUE

PART 1

서울 미래 메가 트렌드

콘텐츠 팔로잉	16
헬스 빌리지	21
콤팩트 도시	25
도시 리뉴얼	30
인구구조 대변화	36
코리빙 하우스	42
기후 위기 친환경 하우스	47
부동산 평균 실종	53
스마트 라이프	58
허브망 핫스팟	63

PART 2
서울 미래 비전 엿보기

도보 30분에 일상을 즐긴다 ···70
낭만을 담은 '서울형 수변 감성도시' ··························75
입체개발로 동서를 통합한다 ·····································82
3개 도심과 4대 혁신축의 만남 ··································88
모빌리티로 새로운 물류 네트워크 조성 ·····················93
탄소중립 안전 도시 조성 ··99
유연한 도시계획 대전환 ··· 104

PART 3
부동산 미래 투자전략 10계명

부자의 패러다임으로 생각하라 ································ 110
부동산은 투자 습관이 좌우한다 ································ 115
자산투자의 쌍두마차를 끌어라 ································ 120
매월 내는 이자를 겁먹지 말라 ································· 125

CONTENTS

소액이라도 실행을 중시하라 ·································· 131
재개발·재건축 투자설계도를 그려라 ························· 135
미래 투자의 꿈을 기록하라 ···································· 149
가격이 아닌 가치에 주목하라 ································· 153
감이 아닌 빅데이터를 활용하라 ······························ 157
입지와 시간을 연결한 지도를 그려라 ······················· 162

PART 4
서울 생활권의 미래 가치

동북권 가치
서울시의 정책이 집중되는 지역 ······························ 168
동남권 가치
국제교류 복합지구로 특성화 전략 ···························· 172
도심권 가치
역사와 문화, 경제가 공존 ······································ 178

서남권 가치
국제 금융중심지와 첨단산업이 연계 ·················· 182

서북권 가치
지역 연계 통한 창조문화거점 구축 ···················· 187

PART 5 미래의 부를 가져올 부동산

서울 아파트, 유토피아 혹은 디스토피아 ·················· 194
빌라, 포비아를 딛고 전성시대는 오는가? ················· 199
재개발·재건축 틈새를 노려라 ·························· 205
오피스텔, 수익형 부동산의 꽃인가? ······················ 209
고급화로 특화하는 서비스드 레지던스 ··················· 214
땅 가치의 비밀은 도시계획 ···························· 219
꼬마빌딩을 꿈꿀 수 있는가? ···························· 223

■ EPILOGUE

PART 1

2040 서울매가플랜

서울 미래 메가 트렌드

콘텐츠 팔로잉

'2023 연희 걷다'는 서울시 마포구 연남·연희동 26개의 지역 브랜드가 협업해 지역의 매력을 발전시키기 위한 목적으로 진행된 동네 단위의 로컬 페스티벌이다. 지난 2015년부터 2019년까지 지역주민·창작자·소상공인들이 협업해 진행한 이 프로젝트는 동네의 가치를 발굴하고 외부로 선보여온 지역 축제였는데 코로나19로 인해 4년간 진행되지 못하다가 2023년 4년 만에 연남·연희동에서 다시 열린 것이다.

주말마다 건축, 커피 등 다양한 주제로 살펴보는 도슨트 투어 프로그램인 '연연 투어'와 살기 좋은 동네와 도시에 대해 깊게 다뤄보는 '연희동 동네 토크쇼', 프랑스 유명작가 세로 주 블로크의 특별전 등이 열렸다.

이런 다양한 골목 콘텐츠는 사람들에게 큰 재미를 가져다주었다. 사람들은 직접 현장에 나가 소셜네트워크서비스(SNS)에서 골목 콘텐츠를 팔로잉한다. 브랜드 가치가 높아지면 이는 다시 지역 발전으로 돌아온다.

양양 '서피비치'에 사람이 모인다

지역과 콘텐츠의 결합은 부동산 미래 트렌드에도 큰 영향을 미칠 것으로 전망된다. 사람들은 점점 자신의 주거지역 주변부에서 행해지는 다양한 콘텐츠에 반응하고, 그 콘텐츠는 주거 선택의 판단에 영향을 미치고 있다. 실제로 지역에서 만들어진 하나의 콘텐츠가 그 지역의 부가가치에 큰 영향을 준 사례가 있다.

강원도 양양의 서핑하기 좋은 '서피비치'는 1킬로미터 길이의 하조대 해변 백사장을 서핑 전용구역으로 허가받아 시작된 곳이다. 2023년 양양 인구가 2만 7,817명인데 주말에 곳을 찾는 외부 관광객들만 3~4만 명 수준이다. 이렇게 백사장을 대표적인 관광지로 만든 사람은 공무원도 아닌 민간인 신분의 '로컬크리에이터'였다. 당시가 2015년 7월이었다. 이제 양양의 서피비치는 강원도 강릉의 커피, 순두부, 속초의 복합문화공간으로 조성된 '칠성조선소'와 더불어 강원도의 대표적인 로컬 콘텐츠가 되었다. 콘텐츠가 있는 곳에 사람이 모인다.

"전주에서 살아가는 것이 특별한 콘텐츠입니다." '전주 미래도시 포럼 2023'에서는 디지털, 문화, 환경, 청년을 주제로 국내외 석학과 전문가의 제언이 이어진 가운데, 전주와 같은 지방에서도 자신의 역량을 키우고 경험을 쌓으면 충분히 리더로 성장할 수 있다고 한 청년 사업가는 강조했다.

그녀는 전주에서 모던한복 브랜드 '리슬'을 만들어 키워온 황이슬 대표이다. "전주에서 나고 자란 저는 학업을 마치고 옷 만드는 일을 직업으로 삼으면서 30년 이상 이곳에서 살고 있다."라며 "아직도 주변에서는 '지역에서도 먹고 살 수 있냐'고 묻는 사람들이 있지만, 전주에서 살아가는 것 자체가 저를 성장하게 한 특별한 콘텐츠였다."고 말했다. 지난 2006년 창업한 그녀의 회사 '리슬'은 세계 53개국에 모던한복을 수출하고 있으며 방탄소년단, 마마무, 유재석 등 수많은 유명인의 의상을 제작하면서 대중적인 인지도를 다지는 성과를 거두었다. 전주를 대표하는 다양한 콘텐츠 중에 '리슬'이 하나가 된 것이다. 지역과 콘텐츠가 만나면 경제가 일어나고 이는 주거문화에도 영향을 미친다.

특별하다면 깊은 산골도 찾아가

대중들은 가볼 만한 곳이라면 내비게이션에 주소나 이름을 찍고 깊은 산골까지 찾아간다. 그들에게 지금 필요하고 만나고 싶은 콘텐츠가 거기 있기 때문이다. 과거에는 도시 홍보를 위해 커다란 상징물을 세우는 등 보여주기에 급급했다면, 이제는 지역이 만들어내는 이야기에 관심이 쏠리고 있다. 지역만이 가진 콘텐츠는 지역 색깔을 더욱 또렷하게 만들고, 이는 곧 지역 상권 발전에도 보탬이 된다.

골목도 한몫한다. 일상이 된 스마트폰을 활용해 사람들은 정보만 있다면 어디든 찾아간다. 도시 속 보이지 않았던 골목 곳곳까지 논쟁거리가 되는 세상. 그래서 기존에는 큰 도로변 건물의 임대료가 가장 비쌌다면, 지금은 반대 현상도 일어난다. 경리단길의 장진우 골목, 해방촌 같은 외진 장소가 사람들로 북적인다. 그렇기에 지역 콘텐츠는 더욱 중요해졌다. 사람들은 이제 누구나 다 아는 유명 장소만 찾아가지 않는다. 흥미로운 콘텐츠가 있는 곳이라면 어디든 사람들의 발길이 끊이지 않는다.

익선동의 부동산 가치가 올라간 까닭

콘텐츠가 만들어지면 먹거리가 형성되고 상권 활성화로 연결된다. 이는 부동산 가격변동과도 직결된다. 지난 2017년부터 진행된 서울 종로구 익선동 프로젝트가 그 사례이다. 익선동은 한옥 마을로 유명한 북촌, 서촌과 달리 관광객이 찾지 않는 소외된 지역이었고 재개발도 무산되면서 허름하고 낙후된 동네로만 인식됐다. 그때 한 디자인 공간 업체가 주도해 익선동 한옥 마을의 역사와 가치를 지키면서 새로운 생명력을 불어넣겠다는 취지 아래 살라댕방콕, 익동정육점, 심플도쿄, 호텔세느장, 온천집, 청수당과 같은 매장을 입점시켰다. 이후 예쁜 한옥과 현대 건축디자인의 조화로 점차 입소문이 나면서 또 다른 매장도 하나씩 오픈하기 시작했다. 그 결과 익선동은 5년여 만에 부동산 가치가 평당 4~5배 이상 껑충 뛰었다. 낙후된 지역의 경제를 살리면서 부동산 가치까지 덩달아 끌어올린 것이다.

서울 은평구 진관동의 한옥마을 조성도 2014년 추진되었는데 사업 초기에는 일반분양에 어려움을 겪었다. 10여 년 전만 해도 K-컬처에 대한 세계적인 관심이 부족한 상태였고 전통 한옥에 대한 인기가 지금처럼 높지 않아서 SH 공사는 분양에 진통을 겪었다.

    10년이 흐른 지금, 은평 한옥마을은 한옥 전용 주거단지로 진관사, 불광천과 함께 은평구를 대표하는 관광 명소로 자리 잡았고, 이 지역의 부가가치는 아주 높게 형성돼 있다.

    현재에도 그 조짐이 나타나고 있지만 앞으로 20년 후 부동산은 지역의 콘텐츠에 큰 영향을 받기도 하고 영향을 끼치기도 한다. 콘텐츠의 흐름을 읽고 팔로잉 해나가는 것은 부동산 안목을 기르는 데 큰 도움이 된다.

헬스 빌리지

영국 내에서 빠르게 성장하는 도시 중 하나인 에든버러는 '건강한 도시'라는 목표를 분명히 하는 '2050 에든버러 도시 비전'을 발표했다. 30년 후 에든버러 도심에서는 걷거나 자전거를 이용하는 풍경이 펼쳐질 것이다. 친환경 자동차 보급을 확대하면서 건강을 추구하는 미래 도시의 모습, 이러한 도시 풍경에 앞으로는 더 많은 가치를 부여하게 될 것이다.

녹지 주거환경과 건강은 밀접한 관계

환경오염과 기후 위기 속에서 대중들은 건강한 삶을 꿈꾼다. 건강한 지역, 건강한 집에 살고 싶다는 바람이 바로 '헬스 빌리지' 트렌드이다. 실제로 서울대 보건대학원 김호 교수 연구팀은 2011~2018년 전국 229개 시·군·구에서 지역사회건강조사에 참여한 172만 7,273명을 대상으로 분석한 결과, 주거지 주변의 녹지 수준과 수면박탈 사이에 큰 연관성이 관찰됐다고 밝혔다. 녹지가 건강에 직결된 수면과 밀접한 관계가 있는 것이다.

연구팀은 하루 5시간 미만 수면을 '강한 수면박탈', 5~6시간 수면을 '약한 수면박탈'로 각각 정의하고 주변 녹지 수준에 따른 수면 시간을 분석했다. 이에 녹지 수준이 높은 지역에 살수록 강한 수면박탈과 약한 수면박탈 모두 감소하는 경향을 나타냈다. 앞으로 녹지환경이 주거의 선택에 더 영향을 미칠 것이라는 실증 연구이다.

건강을 중시하는 도시 주변 환경 인프라가 마을의 경쟁력을 좌우한다. 싱가포르 파크 커넥터 네트워크는 300킬로미터가 넘는 산책로를 통해 싱가포르 전역의 주요 공원과 녹지를 연결한다. 자연 공간과 접근성이 좋은 곳인 파크 커넥터는 수변과 도로변을 활용하여 자전거 및 보행 겸용 노선과 폭 2미터 이상의 조경 공간으로 조성되었고, 다양한 루프를 연결하여 어떠한 경로를 선택하더라도 항상 공원에 다다를 수 있도록 설계되었다.

약 3분의 1이 녹지인 이 도시의 특성상 파크 커넥터의 5가지 코스를 통해 시민들은 도시 경관을 감상하거나 수변을 따라 가벼운 산책이나 조깅을 즐길 수 있다. 자전거 이용이 쉽고 보행이 자유로운 도시설계는 몸의 움직임을 자연스럽게 유도한다. 나의 건강을 지킬 수 있는 도시, 헬스 빌리지는 더욱 주목받을 것이다.

지자체, 건강도시 법제화 추진

지방자치단체(지자체)는 자발적으로 건강 도시사업을 추진하며 법제화에 나서고 있다. 건강도시는 도시에서 살아가는 주민이 육체적·정신적으로 건강하고, 나아가 지역 공동체가 건강해지도록 하는 데 목적이 있다.

100여 개 넘는 지자체가 대한민국 건강도시협의회에 가입해 정보를 공유하며 해당 지역을 건강하게 만들려고 노력하고 있다. 이러한 지자체는 건강도시 조례를 제정해 다양한 사업을 추진 중이다. 국민의 약 92퍼센트가 사는 인구밀집지역인 도시가 건강해야 국민이 건강해진다. 온종일 의자에 앉아 생활하는 사람들에게 걷고 싶은 산책로를 만들어 주는 것, 여가와 힐링의 건강한 도시 숲을 만드는 것, 사람과 사람을 이어주는 정감 어린 커뮤니티 공간을 만드는 것 모두가 '건강도시' 사업의 범주이다. 건강을 중시하는 지역의 열망은 더욱 높아지고 있다.

건강은 집에서부터 출발

건강 문제를 해결하는 첫 단계는 집에서 시작된다. 집은 우리가 가장 많은 시간을 보내는 장소로 집에서 편히 쉴 수 있어야 건강에 도움이 된다. 아무리 좁은 공간이라도 약간의 흙만 있으면 상추나 고추 같은 채소를 심어 식탁에 올리는 사람들이 있다. 텃밭을 가꾸는 일은 일종의 노동이지만 노동의 대가로 자연과 가까워질 수 있고 또 채소를 수확할 때 얻는 보람이 건강에 매우 긍정적인데, 사람들은 이미 경험적으로 그것을 알고 있다는 뜻이다.

마당이 없는 주택은 실내 공간을 얼마든지 활용할 수 있다. 코로나 19 기간 동안 자연에 대한 그리움으로 실내에서 화초를 키우는 현상이 유행처럼 번졌고 일부 주택 소유주는 한쪽 벽면을 아예 '이끼 벽'으로 꾸며 실내에서 녹음을 즐기기도 했다. 일부 소유주는 테라스 공간을 활용해 채소를 자급자족하기 위한 '빅토리 가든'을 꾸미는 사례도 있었다. 이처럼 건강의 시작은 집에서부터 실천할 수 있다.

헬스 빌리지가 부동산 가치에 영향을 미치게 될까? 먼저 생활 편의성을 살펴보자. 헬스 빌리지는 보건 시설, 운동 시설, 자연공원, 건강한 식품 접근성 등과 같은 기반 시설을 갖추고 있다. 이러한 시설들은 주거자들에게 편의성을 제공한다. 또한 공기와 물의 질이 좋아지면 누구나 살고 싶어 하고, 당연히 수요가 늘게 된다. 부동산 가치에 긍정적인 영향을 미칠 수밖에 없다.

이러한 녹지공간과 환경 조성은 하루아침에 마련되지는 않는다. 헬스 빌리지는 현재보다 향후 20년이 지난 다음에 더욱 가치를 발휘할 트렌드이다.

콤팩트 도시

전 세계 인구 중 절반 이상이 도시에 거주한다. 도시에서 나고 자란 사람은 도시 밖을 상상하기 어렵다. 아파트와 고층 건물, 매캐한 매연과 소음을 견디는 것이 도시 사람들의 일상이다. 그런데 이런 소외, 환경오염, 각종 사건·사고의 온상인 도시에서 참고 살아야 하는 평범한 사람들 사이에서 그 도시를 바꾸자는 움직임이 일고 있다.

주거·상업 시설이 밀집한 도시 모델

바로 '콤팩트 도시'가 그것이다. 도시 중심부에 주거·상업 시설을 집중시킨 도시 모델이다. 시민이 교통수단을 이용하지 않고 걸어 다닐 수 있는 반경에서 생활할 수 있게 만든 압축 도시라 하겠다. 콤팩트 도시는 현대도시의 여러 문제 해결을 도모하면서 경제적 효율성 및 자연환경의 보전까지 추구하는 도시개발 형태다. 이미 유럽연합(EU)을 비롯한 해외 곳곳에서는 도시문제와 환경정책의 하나로 콤팩트 도시를 지향한다. 도쿄의 롯폰기힐스, 파리의 라데팡스, 뉴욕

배터리 파크시티 등이 대표적인 사례이다.

미국에서도 콤팩트 도시를 많이 연구해 오고 있다. 미국의 젊은 20~30대 Y세대(1979~1995년 출생, 미국 인구의 32퍼센트)가 향후 콤팩트 주택과 복합용도 건물 형태의 도시를 주도적으로 이끄는 주축이 되고 있다. 이는 도시 내에서 빈 땅이나 저밀도 토지를 주택으로 개발하는 수요가 지속해서 증가한다는 의미로 볼 수 있다. 한국도 2000년대 초 이후 도심에서 1~2인 가구를 위한 도심형 생활 주택을 중점적으로 개발해오고 있는데, 직주근접과 주거 편리성 선호는 미국이나 한국이 같은 맥락이다.

미국인의 주택과 교통에 대한 의식에 대해 글로벌 도시부동산 연구모임인 ULI(Urban Land Institute)가 미국인 1,000명을 대상으로 조사한 설문조사 결과를 발표하였다. ULI는 주택 트렌드는 콤팩트형, 도시 거주 및 대중교통이 중심이 될 것으로 내다봤다. 앞으로 도시는 일자리를 창출하면서 거주하는 사람들이 꾸준히 증가하고, 도시지역 집값이 상대적으로 교외보다 높아 거주 평형이 줄어들게 되며 자가용보다는 대중교통을 많이 이용하게 될 것으로 전망된다.

성공의 3요소는 자연, 문화, 사람

주거와 직장, 여가시설 등을 집중시키고 도시의 기능을 고밀화하는 콤팩트 도시는 다양한 요소가 필요하다. 도심 내 이동 거리를 최소화해

에너지 소비를 줄이고 친환경 도시환경을 조성하는 것이 무엇보다 중요하다. 성공적인 콤팩트 도시를 조성하기 위해서는 자연, 문화, 사람 등 3가지 요소를 고려해야 한다.

높은 용적률로 고밀화 된 도심 기능을 추구하면서 작은 면적의 토지를 이용하고 자연 훼손을 최소화해야 한다. 즉, 건폐율을 낮추고 녹지공간을 확보해 자연과 대립하지 않고 상생하는 도시로 만들어야 한다. 초고층 건물로 답답할 수 있는 도시에서는 더욱 공원과 같이 시민들이 휴식할 수 있는 공간에 대한 수요가 높다.

콤팩트 도시는 탄생 배경에서부터 자연에 대한 중요성이 강조됐다. 애초 도시의 팽창으로 인해 도시 외곽의 환경이 훼손되는 것을 최소화하기 위해 탄생했기 때문이다. 콤팩트 도시 내 다양한 기능을 갖춘 초고층 주상복합아파트가 들어서는 대신 대규모 공원 조성에 대한 필요성도 꾸준히 논의되고 있다.

대표적으로 서울 용산구 용산역 일대를 꼽을 수 있다. 우수한 교통망을 자랑하는 용산역 일대는 업무와 주거가 혼재된 곳으로 초고층 주상복합건물이 들어서 있다. 이곳에 있던 미군기지가 이전하며 대규모 공원이 조성될 예정으로, 도심 내 대규모 녹지를 갖추는 사례다. 한강과 남산을 잇는 녹지 축으로 고밀도 도심의 답답함을 해소했다.

도시의 경쟁력을 높이기 위해서는 각 도시의 개성이 나타나는 문화도 중요한 요소로 꼽힌다. 도시 콘텐츠가 사람을 모으기 때문이다. 도심이 다양한 콘텐츠를 갖춰 시민들이 여가 생활을 누릴 수 있게 하며 이를 통해 베드타운으로 전락할 수 있는 문제점을 보완할 수 있다. 거기에 일자리 창출까지 이어지면 도심에 활력을 불어넣을 수 있다.

이와 함께 도시를 구성하는 주요 요소인 '사람'에 대한 다양성이 반영돼야 한다. 고령화로 접어드는 데 더해 인구감소와 인구집중 등 도시가 해결해야 할 문제가 늘어나고 있다. 인구구조의 급격한 변화로 미래 수요예측에 대해 충분히 고민해야 하는 이유다. 인구구조에 맞는 콤팩트 도시를 특성화해야 한다.

삶의 질 향상으로 주거의 질 확보는 기본 요소다. 여기에 증가하는 1~2인 가구와 3~4인 가구 등 다양한 가구 층을 흡수할 수 있는 주택 공급이 필요하다. 과거에는 부모를 모시고 사는 대가족 형태로 인해 대형 평형을 추구했던 게 주택의 흐름이었지만, 최근에는 인구구조의 변화로 중소형 평형에 대한 수요가 증가하고 있다. 또 고령화됨에 따라 노인과 사회적 약자 등을 보살필 수 있는 새로운 형태의 주택이 탄생하기도 했다.

창의적인 콤팩트 도시가 중요

앞서 언급했지만, 미래의 콤팩트 도시는 맞춤형이 중요하다. 서울시도 청년 세대를 위한 맞춤형 콤팩트 도시를 만들고 있다. 서울 연희동에 공터로 방치됐던 교통섬과 기존 빗물펌프장 대지 등 도심 속 저 이용 공공대지를 복합개발해 청년 맞춤형 콤팩트 도시를 만들고 있다. 역세권이지만, 도로로 둘러싸여 주변과 단절되고 공간 활용이 효율적이지 못했던 곳을 재탄생시키는 것이다. 또한 공유 작업 센터, 청년창업 공간, 청년 식당 등 청년지원시설과 공공피트니스, 도서관 등 생활 SOC(사회간접자본), 빗물펌프장 같은 기반 시설을 입체적·압축적으로 조성 중이다.

무엇보다도 창의적인 콤팩트 도시에 관한 사례를 발굴해야 한다. 일본 도야마현의 현청 소재지인 도야마시는 지난 2007년부터 '도시 다시 만들기' 정책을 펴왔다. 도심을 순환하는 트램(레일 위를 주행하는 노면 전차)을 건설해 도시 중심부로 이동하기 편하게 했고 역이 들어서 있는 도심에 과감하게 주거단지를 조성했다. 주거를 위해 도심을 빠져나가는 도심 공동화 현상을 막는 조치였다.

이 정책의 효과는 기대 이상이었다. 도야마시의 인구는 늘었고 젊은 층이 도심으로 몰려들면서 도시는 '젊음'을 얻었다. 실제로 2000년 도야마시 인구는 32만 1,500명이었다. 시가 정책을 추진한 지 10년이 지난 2017년 시 인구는 41만 7,600명으로 29.7퍼센트나 늘었다. 도야마 시에서 보듯 미래 부동산은 콤팩트 도시를 눈여겨봐야 한다.

도시 리뉴얼

유럽 이곳은 돈벌이를 위해 몰려든 사람들로 인해 무허가 판잣집이 많았고 상·하수도 시설이 갖춰지지 않아 거리에 오물이 넘쳐났다. 1800년대 들어와 도시 곳곳에 분수를 만들고, 공공시설과 기념비 건축물이 들어오면서 도시가 정비되었다. 바로 프랑스 수도 파리 이야기이다. 파리는 부티크 도시라 불리며 독특한 매력과 가치를 추구하는 지역이다. 고층 건물보다는 지역적 특성과 환경에 맞는 지속 가능한 발전을 중심으로 지역 문화의 보전을 위한 전략을 세우고 있다.

또 하나의 도시가 있다. 랜드마크로 떠오르는 샌즈 호텔이 있는 마리나 베이 지역은 원래 갈대로 덮인 염습지였다. 1970년대에는 강을 중심으로 주변 지역의 오염이 심했고 홍수로 범람이 반복되었다. 뱃사공들이 배를 타고 물건을 나르거나 판매하던 아날로그식 물류산업이 쇠퇴하면서 마리나 베이는 노후하기 시작했다. 이 나라 정부는 면적 약 360헥타르에 이르는 이 지역을 대대적으로 정비해 국제적인 금융과 비즈니스의 중심지로 만들겠다는 목표를 가졌다. 싱가포르 이야기이다.

서울의 방향은 파리인가, 싱가포르인가

부티크 도시 파리인가? 아니면 2019년 도시경쟁력 1위 싱가포르인가? 한국의 서울도 이제 미래도시의 상을 명확히 할 때이다. 서울 역시 대한민국의 수도이며 과거 백제, 조선의 수도로 시대에 따라 위례성, 한산, 한성, 한양, 양주, 남경, 경성 등 여러 이름으로 불렸다. 암사동 선사주거지를 통해 알 수 있듯 서울은 신석기시대부터 사람들이 거주했고, 삼국시대, 고려, 조선을 거쳐 약 2,000년의 역사를 지닌 곳이다.

서울시는 1950년대 한국전쟁의 폐허로부터 급속한 발전을 이루어 냈고, 70년이 지난 2024년 현재는 살기 좋은 첨단기술을 보유한 도시이자 친환경 스마트 도시로 거듭나고 있다. 서울시는 이제 다수의 도시개발 우수정책을 보유한 세계적인 모범도시로 손꼽히고 있다. 그동안 서울시가 시행착오를 거쳐 축적한 도시발전 과정의 지식과 노하우는 서울시의 큰 자산이 되었다. 이제는 서울시가 성장 경험을 공유하여 세계의 다른 도시들이 지속 가능한 도시로 발전하는 데 도움을 준다.

하지만 서울의 건축물은 매우 낡은 편이다. 국토교통부가 발표한 '2022년도 전국 건축물 현황'에 따르면 2022년 말 기준 서울은 절반이 넘는 54.3퍼센트가 노후 건축물로 전년(50.4퍼센트) 대비 3.9퍼센트가 오른 수치로 나타났다. 이제 서울은 도시 리뉴얼을 해야 한다.

재개발·재건축 열기로 뜨거운 서울

이에 당연하게도 서울시 전역이 재개발·재건축으로 한창 달아오르고 있다. 행정도 발이 빠르게 움직이고 있다. 서울시는 서울 시내의 재개발·재건축 추진 현황과 조합의 예산·회계, 분담금 등 정비사업 관련 모든 정보를 볼 수 있는 종합 포털을 운영 중이다. '정비사업 정보 몽땅'이라고 명명한 정비사업 종합정보관리시스템(cleanup.seoul.go.kr)이 그것이다.

'정비사업 정보 몽땅'은 기존에 있던 정비사업 관련 포털인 '클린업시스템', 'e-조합시스템', '분담금 추정 프로그램'을 통합한 것으로, 조합 비리 근절을 위해 조합원의 정보 접근성을 높였다. 특히 조합원이 열람할 수 있는 정보공개 범위를 확대해, 기존의 재개발·재건축뿐 아니라 지역주택조합, 소규모 재건축, 가로주택정비사업, 리모델링 사업장까지 포털에 포함하도록 했다.

대규모 정비사업으로는 도로 등 기반 시설 여건이 열악하고 오래된 건물이 밀집한 지역에 가능한 재개발 사업과 30년 이상 된 대규모 공공주택 단지에서 진행하는 재건축 사업 등이 있다. 대규모 재개발·재건축이 어려운 저층 주거지에서는 자율주택정비사업, 가로주택정비사업 소규모 재개발 사업 등이 있다. 이외에도 서울시는 저층 주택 소유자들이 개별 필지를 모아서 블록 단위로 정비할 수 있는 모아타운과 재건축 단지들 중심의 신속통합기획(신통기획) 등으로 재개발·재건축의 속도를 높이고 있다.

소규모 재개발·재건축이 대세 이룰 듯

서울시는 점점 대규모 재개발과 재건축을 할 수 있는 여건이 좋지 않은 상황이다. 즉 대규모 재개발보다는 소규모 재개발·재건축이 대안으로 떠오르고 있다.

서울 종로구 창신동은 신속통합기획으로 소규모 재개발·재건축을 추진 중이다. 창신동 23, 숭인동 56일대(총 10만 4,853.2제곱미터 규모)는 한양도성과 낙산으로 삼면이 둘러싸인 가파른 구릉지형으로 교통 및 주거환경이 매우 열악하다.

이곳은 2007년부터 뉴타운(재정비촉진사업)이 추진됐지만, 2013년 구역 지정이 해제되면서 부침을 겪었다. 이후 노후 주거지 환경개선을 목적으로 서울의 1호 도시재생 선도지역으로 지정됐으나 주택공급과 기반 시설 등 물리적 주거환경 개선 효과는 미흡해 주민들의 불만이 누적된 상황이었다.

주거환경 개선에 대한 주민들의 지속적인 요구와 정비 필요성이 높아지자 서울시는 창신역과 인접한 입지적 장점이라는 개발 잠재력에 주목했다. 이후 신속통합기획 1차 대상지로 선정하면서 창신·숭인동 재개발이 급물살을 타게 된 것이다. 이처럼 서울은 대규모 재개발보다는 소규모로 진행되는 재개발·재건축이 늘고 있다.

소규모 재개발은 기존 건물이나 지역의 문화적 특성을 보존하면서도 필요한 개선을 이룰 수 있다. 이는 도시의 역사와 정체성을 유지하는 데 도움이 된다. 또한 자연환경에 미치는 영향을 줄일 수 있다. 기존 건물을 재활용하거나 작은 지역에 개발을 진행함으로써 자연 자원 소모를 최소화할 수 있다.

소규모주택 정비사업의 장점

소규모주택 정비사업은 특례법에 따라 복잡한 과정이 생략된다. 대표적으로는 정비구역지정이나 추진위원회 설립 절차가 없다. 주민이나 토지주의 동의를 일정 비율로 얻으면 지자체로부터 조합설립인가를 받을 수 있다. 후속 절차도 간단하다. 건축심의를 통해 사업시행인가와 관리처분인가를 동시에 처리할 수 있다. 조합원 수가 적어 이견이 나올 가능성도 작다. 가령 가로주택정비사업의 경우 면적이 1만 제곱미터 미만으로 단독주택은 10가구 이상, 공동주택은 20세대 이상이 모이면 사업을 추진할 수 있다.

이러한 소규모 정비사업의 장점으로 일반 재건축으로는 사업성이 안 나오는 작은 단지는 소규모주택 정비사업으로 재빠르게 선회하는 분위기가 일고 있다. 여기에 사업에 따라 조경기준, 건폐율, 건축물 높이 제한, 주차장 설치기준 등의 규제 완화 혜택도 볼 수 있다. 재건축

초과이익환수 부담금의 부담도 없다. 사업의 첫 단추만 잘 끼우면 순조롭게 골목을 정비할 수 있는 소규모 재개발이 주목된다. 서울이 파리가 될 것인가, 아니면 싱가포르가 될 것인가? 두 도시도 아닌 서울의 정체성을 지닌 도시 리뉴얼이 필요하다.

인구구조 대변화

대전에서 초등학교 교사로 재직 중인 L씨(46)는 학교 현장에서 한 반을 구성하는 학생들의 숫자가 점점 줄어드는 것을 실감한다. 한 반에 20명 내외의 학생들이 있을 뿐이다. 10년 전과 비교해도 반 인원의 감소 추세를 확실하게 느낄 수 있다. L씨는 친구 관계가 중요한 초등학생들에게 인구감소는 큰 외로움으로 다가올 것이라고 걱정한다.

대한민국 인구는 계속 줄고 있다. 통계청이 발표한 '2017~2067년 장래인구 추계'에 따르면 2019년부터 사망자 수가 출생아 수를 앞질러 인구 자연 감소가 본격적으로 시작되었다. 청소년의 수가 감소하니 가장 먼저 교육 현장이 변했다. 당연히 학교와 학급 수는 줄어들고 교원의 필요성이 줄어들게 됐다. 대학 수나 입학정원 등 대학들의 구조조정은 빠르게 진행될 전망이다.

인구감소는 직·간접적으로 일에도 영향을 미치고 있다. 지난 2019년 3월 국세청이 우리 일상생활과 밀접하게 관련된 품목을 취급하는 '100대 업종 사업자 현황 분석 자료'를 발표한 적이 있었다. 2014년 9월과 2018년 9월을 비교한 이 연구자료에 따르면, 이 기간 중 가장 높은 비율로 증가한 업종은 단전호흡, 요가, 탁구장, 정구장 같은 '스포츠 시설 운영업'이었다. 무려 3배나 늘었다. 또 피부 관리업(82.4퍼센트), 헬스클럽(51.5퍼센트)도 많이 늘어난 업종 상위 10위권에 올랐다. 여행을 즐기는 사람들이 늘면서 증가율 2위는 펜션, 게스트하우스(130.4퍼센트)가 차지했다. 이외에 여행사, 자전거 판매점, 스포츠 교육기관 등도 두 자릿수 이상으로 증가했다.

인터넷 쇼핑이 활성화되면서 통신 판매업 역시 4년 새 46.3퍼센트나 늘어나 증가율 8위를 기록했다. 화장품, 옷, 신발가게, 문구점 등 전통적인 오프라인 매장의 수가 줄어들었다. 가전제품 판매점은 줄어든 반면, 가전제품 수리점은 68.68퍼센트나 늘어나 증가율 7위를 기록했다.

담배 가게는 최근 금연 분위기에 따라 4년 새 1만 9,178개에서 1만 3,790개로 28.1퍼센트나 줄어 가장 높은 비율로 줄어든 업종 3위에 속했다. 음주 회식문화가 줄면서 간이주점(-19.3퍼센트), 호프 전문점(-14.9퍼센트)도 감소율 상위 10위권에 들었다.

애완용품점이 102.6퍼센트 늘어난 7,576개로 3위를 차지했고, 동물병원도 16퍼센트나 증가했다. 혼자서 간편하게 이용할 수 있는 편의점과 패스트푸드점도 각각 43.3퍼센트, 29.6퍼센트 늘어난 것으로 집계됐다. 예식장(-17.5퍼센트), 결혼상담소(-11.9퍼센트)가 감소율 10위권에 들었다. 산부인과도 3.1퍼센트 줄었다. 실내스크린골프(63.1퍼센트)가 전국 곳곳에 생기는 동안 실외골프연습장(-30.1퍼센트)은 간판을 내렸다. 남성들의 방문이 늘면서 미용실(17.9퍼센트)은 증가했지만, 이발소(-8.7퍼센트)는 줄었다.

살아나는 업종과 죽어가는 업종

저출산, 1인 가구 증가, 비혼·만혼 시대에 아기 출산이 줄어들면서 산부인과를 찾는 여성이 줄게 되었고, 출생하는 인구수가 줄어들면 앞으로 화장품, 옷, 신발가게, 문구점들은 힘겨운 시장이 될 가능성이 크다. 예식장이나 결혼상담소가 설 자리는 앞으로 점점 좁아질 것이다. 반면 혼자 사는 1인 가구가 늘어난다는 점에서 반려동물 관련 업종은 폭발적으로 성장할 것이라는 예측이 가능하다. 혼자 사는 사람은 반려동물과 애정이 생길 확률이 높기 때문이다. 당연히 편의점과 패스트푸드점이 늘어날 것이다.

 망하는 업종과 흥하는 업종의 가장 중요한 원인은 무엇일까? 바로 인구구조 대변화이다. 인구감소와 저출산의 변화가 우리 일과 삶의 방식을 바꾸는 중요한 요인이 되는 것이다.

 인구통계 데이터를 가만히 들여다보고 있으면 부동산의 미래와 투자의 방향성도 통찰할 수 있다. 인구감소와 부동산 시장은 어떻게 상호작용할 것인가? 인구감소는 전반적인 부동산 가격상승을 느리게 만들 것이고, 장기적으로 대세 하락장을 만들 가능성이 크다. 수도권을 중심으로 한 역세권이나 테마 입지 또는 지방 혁신도시나 거점도시를 제외하고는 지방 소도시의 경우 빠르게 축소되거나 소멸할 것이다. 또한 청년 중심의 셰어하우스와 1인 가구 증가 시대에는 일자리 연계 지역의 소형 평수 아파트의 인기가 높아질 것으로 보인다.

인구변화 중 또 하나의 주요 변수는 우리나라가 초고령화 사회로 진입하고 있다는 점이다. 1955년부터 1963년에 출생한 사람들을 '베이비붐 세대'라 부른다. 인구 세대 중 가장 많은 인구수를 차지하고 있는 60대 초·중반이 된 이들이 부동산 시장에 끼친 영향력은 막대하다. 그들이 부모 곁을 떠나 사회에 본격적으로 진출하던 1980년대부터 주택 수요는 급증했다. 인구증가에 따른 필연적인 집 수요 현상이 나타난 것이다. 이에 대응해 당시 정부는 수도권 신도시와 200만 가구 건설이라는 주택정책을 내놓을 수밖에 없었다.

2000년대 들어서 이들 베이비붐 세대의 자녀가 성장하면서 가족 구성원이 늘자 소형에서 중대형 주택으로 바꾸는 수요층이 빠르게 늘었다. 마침 저금리 기조와 맞물리면서 중대형 아파트 가격이 크게 올랐다. 당시 부동산은 아무거나 무조건 사두면 두세 배는 오르는 '부를 낳는 황금 거위'였다. 집은 한국 사회에서 가장 매력적인 투자 방법이었다.

그러나 2008년 글로벌 금융위기를 기점으로 대한민국 부동산 시장은 저성장 구도가 잡혔고 경제성장 역시 둔화했다. 정책, 지역, 변수에 따라 부동산 가격은 엄청난 차이를 보이기 시작했다. 그만큼 부동산 투자는 시장분석과 전략이 필요해졌다.

은퇴를 앞둔 세대의 부동산 선택

현재 60대 초·중반이 된 베이비붐 세대는 곧 은퇴를 앞두고 있다. 이들의 주택 선호도에 따라 부동산 시장은 앞으로 10년에서 20년 사이 크게 요동칠 것이다. 분명한 점은, 과거 부동산 투자가 활발했을 때는 부채를 동원해서라도 아파트를 사서 부동산 가격상승을 노렸지만 이제 경제와 인구가 저성장, 고령화되는 사회에서는 수익형 부동산을 활용해 현금흐름이 유지되도록 관리하는 부동산 투자개념이 두드러질 수밖에 없다는 것이다.

그래서 고령화가 진행될수록 현금흐름을 만들지 못하는 부동산은 인기가 떨어질 확률이 높다. 그렇다고 베이비붐 세대가 수도권의 집을 포기하지는 않을 것이다. 경기권이나 강원·충청권의 교통편의가 대폭 강화되어 노후를 지방에서 보낼 것이라는 전망이 많이 나왔지만, 오히려 반대로 수도권 아파트의 일상생활을 선호하고 주말에만 경기도나 강원도로 이동하여 주말농장, 주말 농가 활동을 즐기는 경향이 생겼기 때문이다.

또 하나 기억해 두어야 할 부동산 트렌드로는 '전세 시대'가 저물고 있다는 사실이다. 전세는 1970년대 말 아파트 공급이 본격화되면서 목돈이 없던 투자자가 내 집 마련에 자금 부담을 덜 수 있어서 시작됐다. 세입자로서도 주택 구매 능력이 부족한 상황에서 저렴한 주거비용으로 원하는 곳에서 살 수 있었기에 요긴한 제도였다. 집주인과 세입자가 서로 좋은 상생 제도였다.

그러나 만성적인 주택 부족이 개선되고, 저금리 기조, 주택가격하락 등으로 전세 제도의 존립 기반이 흔들리고 있다. 과거 집값 상승기에 집주인은 전세금을 통해 집값 상승이라는 지렛대 효과를 얻을 수 있었지만, 지금은 그 기대감도 크게 반감됐다. 저금리 기조 속에 집주인은 월세를 선호할 수밖에 없다. 향후 30년 안에 한국에만 있는 독특한 부동산 패턴이었던 전세 제도는 사라질 것이다.

부동산 성공 투자를 연구하는 독자라면 부동산에 대한 흐름과 전망 분석이 중요하다. 부동산은 현재도 중요하지만, 미래의 가치 예측이 더 중요한 영역이다. 정치, 문화, 사회, 제도, 법률, 흐름에 대한 다양한 이해가 필요하다. 그중 '인구변화'에 대한 미래 통찰이 가장 중요하다.

코리빙 하우스

한 청년 주거 공간에서 이색적인 도시 문화 캠페인 '홈 라디오' 이벤트가 열렸다. 1,500여 명이 참여해 음악, 게임, 문학, 사업가, 공간 디자이너 등 다양한 분야의 전문가들과 함께 집·커뮤니티·도시 생활에 대한 다채로운 인사이트를 공유한 것이다.

행사가 열린 곳은 '더 나은 도시 생활'을 표방하는 SK디앤디의 주거 솔루션 브랜드 '에피소드'로 다양한 생활양식을 추구하는 도시생활자들을 위한 주거 공간 및 서비스를 제공하고 있다. 현재 성수, 서초, 강남, 신촌, 수유 등 총 6개 사이트를 포함해 총 3,800가구를 운영하고 있다. 에피소드는 기존 공유 공간과 다르게 각종 프로그램이 활성화된 커뮤니티 개념이 강했다.

공유하우스 보다 커뮤니티가 강하다

1인 가구가 늘어나면서 에피소드 같은 '코리빙(Co-Living) 하우스'가 뜨고 있다. 실제로 통계청이 발표한 '통계로 보는 1인 가구'에 따르면

2022년 1인 가구는 750만 2,000가구였다. 전체 가구의 34.5퍼센트로, 현재 방식으로 집계가 시작된 2015년 이후 가장 많다. 1인 가구가 전체 가구에서 차지하는 비중은 2019년 30퍼센트를 넘어선 이후 매년 최대치를 경신하고 있다.

1인 가구가 증가하면서 새로운 산업 경향이 나타났다. 편의점 매출이 늘었고 간편식 시장이 폭발적으로 증가했다. 1인 가구를 대상으로 하는 소형 가전제품이 대중화되고 혼자 사는 직장인을 위한 세탁, 청소 등을 대행해주는 서비스들이 성장한 것도 1인 가구 증가의 영향이다. 주거문화에도 큰 영향을 주었다. 1인 가구의 주거 선택지는 고시원, 원룸, 오피스텔 등으로 제한되다 보니 개인화에 따른 소외감도 증가하였다.

이에 공유 주거의 일종으로 여러 사람이 한 집에서 살면서 개인적인 공간인 침실은 각자 따로 사용하고 거실, 화장실, 욕실 등은 함께 사용하는 주거 방식인 공유 하우스(셰어하우스)가 등장했다. 이 공유 하우스와 유사한 개념이지만 개인의 프라이버시를 보장하면서 입주자 간 유대감을 높일 수 있는 코리빙 하우스 주거문화가 확산하고 있다.

코리빙 하우스는 개별 거주 공간에서 사생활을 누리면서 거실, 주방을 비롯한 다양한 공용 공간에서 다른 입주민들과 생활과 문화를 공유하며 자신들만의 커뮤니티를 형성할 수 있다.

각자가 7~8평짜리 원룸 같은 스튜디오를 갖고 있을 때, 이들이 자기 공간을 조금씩 내놓는다고 가정하면 3~4명이 1평씩 떼봤자 의미 있는 큰 공간이 나오지 않는다. 반면 300명이 공용 공간을 위해 자기 공간을 내놓으면 300평, 400평이 되면서 코리빙 하우스 개념이 등장한 것이다.

코리빙이 어느 정도 정착된 영국에서는 '런던 플랜'을 발행해 코리빙을 가리키는 개념인 'LSPBL'(Large-Scale Purpose Built Shared Living)의 공동체 의식 개발 및 편의 시설 관리 가이드라인 등을 제시하고 있다. 런던에서는 평등과 같은 가치를 중심으로 코리빙을 발전적인 방향으로 확대한 것이다.

서로 다른 문화를 공유하는 공간

코리빙 하우스는 공간에서 콘텐츠가 핵심이다. 아무리 공간을 멋있게 꾸며 놔도 그 안에서 유의미한 시간이 없으면 큰 매력이 없다. '에피소드'의 경우에도 먹고 마시는 가벼운 모임부터 쿠킹 클래스, 독서, 영화와 음악 감상, 요가와 명상 등 다양한 활동을 커뮤니티에서 즐길 수 있다. 심지어 에피소드 서초의 경우에는 반려동물과 관련된 커뮤니티가 있고 대학생 입주자들이 많은 수유는 대학생에 특화된 커뮤니티 활동이 다수다. 지난 코로나19 영향으로 커뮤니티가 온라인 영역으로도 확장했다.

영국의 대표 코리빙 하우스 '더 콜렉티브 카나리 워프'에서 생활하는 한 한국 유학생은 "다른 문화를 가진 사람들을 많이 만날 수 있었다."라며 "이들은 내가 진행한 프로그램과 이탈리아 문화를 열린 마음으로 사랑해 줬다."라고 소감을 밝히기도 했다. 코리빙 하우스에 거주하는 사람들이 각종 프로그램에 참여하며 서로 친밀해지는 모습을 볼 수 있는 것, 서로 다른 생각과 문화를 가진 사람들이 모여 경험을 공유하고 공동체를 형성하는 것이 바로 함께 살아가는 가치, '연결'이다.

취향과 경험의 주거문화 공간

'연애는 귀찮지만 외로운 건 싫어'는 코리빙 하우스에서 살아가는 젊은이들의 로맨스와 삶을 보여주는 드라마이다. 연애는 하고 싶은데 심각한 건 부담스럽고, 자유는 누리고 싶은데 외로운 건 싫은 젊은이들의 현실 공감 로맨스를 다룬 드라마였다. 코리빙 하우스의 커뮤니티에서 활동하면서 남녀의 사랑과 우정이 펼쳐졌다. 코리빙 하우스에서의 가벼운 만남이 진지한 사랑으로 이어지는 과정을 통해 공동체, 커뮤니티의 중요성을 보여준 것이다.

한때 유튜브에서 'What's in my bag'이라는 콘텐츠가 유행했다. 남의 가방을 들여다보는 내용이었는데, 각자 물건을 통해 가방 주인의 취향을 엿볼 수 있었다. 크고 작은 소비의 선택들이 만나 '나'의 정체성을 규정한다. 주거문화도 마찬가지다. 코리빙 하우스는 각자 드러내고 싶은 삶의 모양이 다양할 수 있다는 것을 보여준다. 그 삶은 고정된 것이 아니기에 변화할 수 있다. 그런 지점에서 이른바 MZ 세대를 비롯해 많은 이들에게 코리빙 하우스는 어필한다.

기후 위기 친환경 하우스

'돈룩업'은 기후 위기에 대처하는 인류의 대응을 풍자적으로 풀어낸 영화이다. 영화의 주연 배우이자 환경운동가인 레오나르도 디카프리오(Leonardo Dicaprio)는 '돈룩업' 코멘터리 영상을 통해 "과학적 진실에 대해 귀 기울이지 않는 현대 문화를 비유한 영화"라고 말했다. 혜성이 지구와 충돌한다고 말하는데 웃어넘기고, 혜성에서 광물을 추출해 부자가 되려는 생각에 사로잡힌 영화 속 캐릭터의 모습이 지워지지 않는다. 마치 현재 지구의 온도는 올라가는데 화석연료를 꺼내서 온실가스를 만들어내는 사람들의 모습이 지구의 모습은 아닐까?

기후 위기는 앞으로 식량 위기, 재난, 난민, 전쟁 등 고통스러운 과정을 가지고 올 것으로 예상된다. 기후과학자들은 지구의 온도를 1.5도 미만으로 유지할 수 있는 시간이 불과 5년밖에 남지 않았다고 걱정한다. 기후 위기에 대응하는 주택도 등장하고 있다. 미국에서는 폭염, 태풍, 산불에도 끄떡없는 '돔 주택'이 나타났다. 2020년 캘리포니아의 초대형 산불을 겪었던 소프트웨어 엔지니어 존 듀상은 자연재해의 가공할 위력을 실감해서 시에라네바다 동쪽 계곡에 있는 부동산을 샀다. 이곳은 산불과 폭염, 강풍, 폭설 등의 극한기상 위험이 큰 지역이었다. 그는 이곳에 약 9미터 높이의 돔형 주택을 지었다. 외벽은 열을 반사하고 불에도 잘 타지 않는 알루미늄 소재로 씌웠다. 이제 기후 위기에 대처할 주택이 등장하는 시대다.

지구 곳곳이 기후 위기에 직면

2023년 캐나다 산불은 캐나다 역사상 가장 큰 면적을 태운 것으로 신기록을 세웠다. 이 산불은 캐나다 내 광대한 산림 지역을 황폐하게 파괴했으며, 북반구 전역, 그리고 유럽과 중국에 이르기까지 대기질에 중대한 영향을 미쳤다. 중국 대기물리학연구소(IAP)의 제 왕(Zhe Wang) 박사는 캐나다의 대형 산불로 인해 지구의 환경이 얼마나 위기에 봉착했는지를 상세하게 분석했다.

지구 온난화로 농산물 생산량은 급격한 감소세를 보이고 있으며 해수면이 높아지면서 육지는 바다에 잠겨가고 있다. 바다는 오염되며 가축과 인류는 전염병에 노출되고 있다. 지구촌 곳곳에서 발생하는 대기오염은 이젠 일상사가 되었다. 엎친 데 덮친 격으로 전쟁으로 물류비용이 폭등하여 세계 경제는 어려워지고 있다.

이제 세계는 탄소중립을 택할 수밖에 없다. 환경재앙을 막지 못하면 세계는 몰락하게 될 것이다. 강대국들은 지구 온난화를 방지하기 위한 노력에 적극적으로 참여해야 하며 우리도 재생에너지 사용 등에 적극적으로 동참해야 한다. 기업들도 환경을 파괴하면 존속할 수 없다는 것을 인식하고 있다.

기후변화와 부동산의 상관관계

다국적 컨설팅 전문업체 맥킨지 앤드 컴퍼니는 2022년 전 세계 부동산 시장의 기후 위기 영향을 다룬 글에서 많은 부동산업자들이 기후변화를 가장 중요한 안건으로 올렸다고 밝혔다. 그만큼 기후변화가 부동산 시장에 큰 영향을 주고 있다.

미국의 기후학자들은 2045년까지 해수면 상승으로 인해 해변에 있는 주택 30만 호가 침수 피해를 볼 것이라는 경고문을 발표했다. 벤저민 키스(Benjamin Keys) 펜실베이니아대 와튼스쿨 부동산학 교수 등 연구진은 2020년 발표한 논문에서 기후 위기가 부동산 가격을 하락시킨 여러 사례를 발표했다.

이들 연구에 의하면 해수면 상승 위험이 가장 큰 플로리다주의 마이애미비치 해안가에 있는 고급 주택 거래량이 다른 곳에 비해 16~20퍼센트 적었다는 것이다. 또한 해수면 상승 위험지역이 안전한 지역에 비해 가격도 5퍼센트가량 낮았다고 한다. 연구에서는 대표적인 예로 마이애미 해변에 있는 발 하버 지역은 평균 주택가격이 약

40억 원에 이르렀는데 근래 들어와 주택매매율이 절반 수준으로 떨어졌고 주택가격도 2016년에 비해 7.6퍼센트가 떨어졌다고 한다.

호주 부동산 정보 전문업체 코어로직에서도 2022년 4월에 발표한 보고서에서 호주 해안 고급 주거용 부동산의 손실이 향후 60년간 250억 호주달러(약 23조 원)에 이를 것이라는 분석을 공개했다. 보고서에서는 앞으로 수십 년 동안 해수면 상승과 침식 작용, 폭풍, 해일 등의 영향으로 시드니 북부 해변, 멜버른의 포트 필립, 퀸즐랜드의 골드코스트 등 유명 해변의 고급 주거용 부동산이 큰 손해를 보게 될 것으로 전망했다.

기후 위기를 대하는 국내 부동산의 향방

부동산은 '자산'으로 취급받지만, 집과 상점 등을 비롯한 생활공간은 근본적으로 인간의 안전과 기본권 문제다. 기후 위기에 주거권 침해가 없도록 만드는 대책이 필요하다. 하지만 기후 위기에 따라 취약계층이 폭염에 노출되거나, 해수면 상승에 따른 홍수나 침수 피해를 방지할 제도는 마련되지 않은 상태다.

일부 정치권에서는 지자체가 20년 이상 낡은 건물을 재건해 녹색건축물로 인증받는 의무 조항을 담은 '기후정의 조례제정 운동' 활동을 시작했다. 이와 같은 조례가 채택된다면 폭염이나 강추위 같은 상황에서도 주거 빈곤층이 보다 나은 생활환경을 누릴 수 있다. 낡은 건물은 주거 비용이 적은 편이라 빈곤층이 거주하는 경우가 많다고 지적했다.

시민이 자신의 안전할 권리를 보장받기 위해 국가가 국토 내 자연재난 위협을 평가한 '재난 위험지도' 등을 공개하도록 요구할 수 있다는 의견도 제시되고 있다. 실제로 미국과 일본 등의 재난관리 선진국에서는 자연 재난별로 위험지도를 개발 및 배포하고 있으며, 정부의 재난관리뿐만 아니라 보험 계약 및 주택 매매 등의 민간분야에서도 활발하게 사용하고 있다.

기후 위기 상황에서 경제적, 생태적 '대전환'이 필요한 지금, 부동산과 주거 면에서도 기후 위기가 직면한 문제이다.

2040년 신재생 주거문화가 대세

주거문화의 한 흐름으로 2040년에는 신재생 에너지 시스템이 더욱 발전하여 다양한 형태로 구현될 것으로 예상된다. 태양광 발전, 풍력 발전, 지열 발전, 해양 에너지, 바이오가스 발전 등의 신재생 에너지 시스템이 통합돼 건물의 에너지 효율성을 높이고 친환경적인 생활환경을 조성할 것으로 기대된다.

실제로 현재 상당수 새롭게 건축 중인 아파트들이 신재생 에너지 시스템을 도입하고 있다. 특히 유럽 국가들이나 일부 선진국에서는 신재생 에너지를 적극적으로 활용하는 건축 프로젝트들이 많이 진행되고 있다. 가령 독일의 프라이부르크에 있는 주택은 태양광 패널과 태양광 모듈을 외벽에 부착하여 건축했다. 또한 덴마크 코펜하겐에 있는 VM하우스와 마운틴 드웰링 아파트도 지붕에 태양광 패널을 설치하여 에너지를 생산하고 있다. 일본의 제로에너지 마을 오타시에서는 소형 풍력 발전기를 마을 가로등에 설치했다.

한국에서도 여러 아파트가 신재생 에너지 시스템을 도입하고 있다. 서울 상암월드컵 8단지 아파트는 옥상에 태양광 발전기를 설치하고 400세대 이상이 미니태양광을 설치하여 건물의 전기를 일부 분담하고 있다. 또한 청량리 롯데캐슬SKY-L65 아파트는 지열 시스템을 활용하여 건물 내부의 난방 및 냉방을 지원하고 있다. 기후 위기를 피할 수 없는 가운데 친환경 하우스의 등장은 앞으로 더욱 대세가 될 것이다.

부동산 평균 실종

수도권과 지방의 양극화 현상이 극심하다. 통계청 인구분포에 따르면 2021년도 기준 국토 면적의 12퍼센트가 안 되는 곳에 인구 절반(50.2퍼센트)이 모여 산다. 일자리 쏠림이 특히 심하다. 1,000대 기업 4곳 중 3곳(75.3퍼센트)이 수도권에 자리 잡고 있다. 소비 역시 4분의 3 이상(신용카드 사용액 72.1퍼센트)이 수도권에서 발생한다.

전문가들은 30년 안에 지방 군소도시들이 사라질 것이라고 내다보고 있다. 한 언론사가 지방 시·군의 인구분포 예상 통계를 시뮬레이션해 보았더니 강원도는 18곳 중 15곳, 경상북도와 전라남도는 20곳 가까운 곳이 소멸 위험에 처해 있는 것으로 나타났다. 지방 부동산은 거주 목적이 아니라면 언제 터질지 모르는 시한폭탄이다. 이와 달리 서울과 경기, 인천 등 수도권은 오히려 반대 현상이 심화하고 있다. 인구증가와 부동산 가격상승으로 골머리를 앓는다. 전형적인 양극화 현상이고 평균이 실종된 결과이다.

고가 아파트와 저가 아파트

사정이 이렇다 보니 전국 고가 아파트와 저가 아파트 간 가격차가 최대치로 벌어지고 있다. 덩달아 국민의 자산 양극화까지 심화하고 있다. 지난 2021년 KB국민은행 '월간 주택가격 동향 시계열' 자료에 따르면 2020년 12월 전국 아파트 5분위 배율은 6.83으로, 2011년 1월(6.91) 이후 8년 11개월 만에 가장 높았다.

5분위 배율은 주택을 가격순으로 5등분하여 상위 20퍼센트(5분위) 평균 가격을 하위 20퍼센트(1분위) 평균 가격으로 나눈 값이다. 배율이란 '고가 주택'과 '저가 주택' 간 가격 차를 나타내는 것으로, 이 배율이 높을수록 집의 가격 차, 주택가격 양극화가 심하다는 것을 의미한다.

2021년 12월 우리나라 고가 아파트 평균 가격은 7억 3,957만 원으로 11월 평균 가격(7억 1,996만 원)보다 1,961만 원 상승했다. 반면 1분위 저가 아파트 평균 가격은 1억 835만 원으로 그 전달 평균 가격(1억 825만 원)보다 10만 원 오르는 데 그쳤다. 연간 변화추이도 크게 다를 바 없었다.

고가 아파트가 밀집한 강남구는 1년간 매매 변동률이 4.41퍼센트, 송파구는 5.11퍼센트 올랐지만, 6억 원 이하 저가 아파트가 많은 강서구는 1.12퍼센트, 강북구는 1.02퍼센트 상승하는 데 그쳤다. 지방 아파트 시장의 경우 미분양 문제도 심각한 상황이다.

국토교통부는 2020년 7월 말 기준 전국 미분양주택을 총 2만 8,883가구로 집계했다. 이 가운데 지방 미분양은 2만 5,738가구로 전체의 90퍼센트에 달했다.

지방 도시에선 아파트 상가도 그리 희망적이진 않다. 공공기관과 아파트가 밀집한 세종시도 집합 상가 공실률이 36.8퍼센트로 집계됐다. 3곳 중 한 곳이 비어있고 경매나 유치권이 행사되는 상가건물도 잇따르고 있다. 세종시의 경우 상가 과잉 공급과 최고가 입찰제가 공실 비율이 증가하는 가장 큰 요인으로 꼽힌다.

강남과 비강남의 양극화

물론 서울만 놓고 보면 이 안에서도 양극화는 더 심하다. 강남과 비강남 이야기다.

유하 감독의 영화 '강남 1970'의 줄거리를 떠올려 보자. 1970년, 강남땅을 향한 욕망이 춤추기 시작한 시절이었다. 호적도 제대로 없는 고아로, 넝마주이 생활하며 친형제처럼 살던 종대와 용기. 이들은 유일한 안식처였던 무허가촌의 작은 판잣집마저 빼앗기게 된다.

두 사람은 건달들이 개입된 전당대회 훼방 작전에 얽히게 되고 그곳에서 서로를 잃어버린다. 종대는 자신을 가족으로 받아 준 조직 두목 출신 길수의 바람과 달리, 잘 살고 싶다는 꿈 하나로 건달 생활을 하게 된다.

3년 후, 정부와 권력의 수뇌부에 닿아있는 복부인 민 마담과 함께 강남개발의 이권 다툼에 뛰어든 종대는 명동파의 중간보스가 된 용기와 재회한다. 두 사람은 정치권까지 개입된 의리와 음모, 배신의 전쟁터, 그 한 가운데에 놓이게 된다. 거기가 바로 그 시절 강남이었다.

1970년대 강남개발을 배경으로 한 이 영화에서 강남은 무허가촌의 작은 판잣집이 즐비한 곳이었지만, 도시개발과 함께 황금알을 쟁취하려는 이들의 전쟁터 같은 곳으로 그려진다. 당시 정부 차원에서 이뤄진 인위적인 강남개발은 50여 년이 훌쩍 지난 현재, 초고층의 빌딩숲으로 뒤덮여 우리나라에서 '부의 상징'이 됐다.

어느덧 세월이 흘러 강남 아파트들도 페인트가 벗겨지고, 녹물이 줄줄 흘러나오면서 세월과 함께 흉물이 돼 버렸다. 하지만 건물의 외형만 노후화됐을 뿐 '강남의 가치'는 더욱 치솟고 있다. 이러한 강남에 재건축·재개발이 활발하게 진행되면서 아파트 가격은 정부의 각종 대책에도 꼬리를 내리지를 않는다. 강남이라는 견고한 성은 좀처럼 무너질 기미가 안 보인다.

강남과 비강남, 수도권과 지방 사이에 부동산 시장의 양극화는 영화적 감성이 아니라 냉정한 이성으로 받아들여야 할 현실이다. 그런 면에서 안동현 서울대 경제학과 교수의 한 언론과의 인터뷰가 매우 인상적이다. 안 교수는 부동산 시장에서 "제한적 참여를 우려해야 한다."라고 지적하며 다음과 같이 말했다.

"예를 들어서 부동산을 10억 원 갖고 있느냐 100억 원 갖고 있느냐보다 더 큰 문제는 부동산을 갖고 있느냐 없느냐이다."

부동산 평균 실종이 부의 양극화까지 가속시키고 있다는 이야기다. 그러니 부동산은 뜨거운 감자이지만 포기할 수 없고 반드시 정복해야 할 산이다.

스마트 라이프

2045년 12월이 끝나가는 어느 날, K씨의 아침은 매일 조금씩 다른 시간에 울리는 스마트 침실의 기상 알람으로 시작한다. 알람은 대체로 오전 7시에 맞춰져 있지만, K씨는 전날 회식으로 인해 늦게 잠이 들었고 그의 생체 신호를 분석한 AI의 판단에 따라 몇 분 더 늦게 알람이 시작됐다. 일어난 K씨가 침대에서 이야기한다.

"전등을 켜라. 오늘 새벽에 진행된 프리미어 리그에서 토트넘이 이겼어?"
AI가 대답한다.

"K님, 토트넘 훗스퍼가 4대1로 맨체스터 유나이티드를 이겼습니다."
K씨는 AI를 통해서 전에 보냈던 그의 건강정보를 받았다. AI 의사는 K씨의 유전자 정보를 통해 근래 들어 알코올 수치가 높아진 것을 경고하며 연말 술자리에서 금주하라고 권유한다. AI 의사는 K씨의 목소리, 혈압, 혈당수치, 수면, 운동 정도를 지속하여 지켜보고, 소변 및 대변 자동분석, 건강 관련 데이터 처리, 피부암, 안구질환, 감기 증상, 치매, 뇌졸중 등을 사전에 점검해준다.

2029년 인간지능 넘어서는 AI 등장

이러한 가상 줄거리는 지금 현실에서 충분히 예견할 수 있다. AI 과학자이자 세계적인 미래학자인 레이먼드 커즈와일(Raymond Kurzweil)은 기술 발전으로 2029년에 인간지능을 넘어서는 AI가 등장하고 2045년에는 AI가 인류 지능의 총합을 넘어서는 '특이점(Singularity)'이 도래한다고 예측했다. AI의 발달은 거주문화에 영향을 주고 건물을 비롯한 도시의 혁명을 가져올 전망이다.

대표적인 IT 기업 네이버는 2023년 말 사우디아라비아 자치행정주택부(MOMRAH)로부터 국가 차원의 디지털 쌍둥이 플랫폼 구축 사업을 맡아, 수도 리야드 등 5개 도시를 대상으로 사업을 진행한다고 밝혔다. 또한 세계 최초의 로봇 친화형 빌딩인 '네이버 1784'를 만들었는데 여기서는 네이버 직원들의 업무공간인 동시에, 로봇과 자율주행, 이음 5G, 클라우드 등이 구현된다. 스마트 시설인 네이버 1784의 건물 내부에는 서비스 로봇 '루키'가 실시간 주행하며 직원들의 근무를 돕는다. 또 ESG 경영을 위한 AI 기반 에너지 절약 시스템도 갖춰졌다.

AI와 로봇, 사물인터넷(IoT) 등 첨단 4차산업기술 발전이 눈부신 속도로 이뤄지고 있다. 여러 기술 중 체감도가 가장 높은 곳은 단연 '생활형 서비스' 분야다. 특히 거주·근무 공간인 건물 속에 자리 잡은 스마트 기술들은 우리 생활 편의성을 크게 높여주고 있다. 관련 산업 규모도 급성장하는 추세다. 글로벌시장 조사기관 '그랜드 뷰 리서치'

는 오는 2030년 스마트 빌딩 산업 규모가 5,700억 2,000만 달러(한화 754조 8,204억 원) 규모에 이를 것으로 예상했다.

사물인터넷 기반 스마트홈

스마트홈은 집 안에 있는 가전제품과 보안 시스템, 조명 등을 서로 연결해 원격으로 제어하도록 만든 시스템을 말한다. 스마트홈은 사물과 사물을 유무선 네트워크로 연결해 정보를 공유하는 '사물인터넷'을 기반으로 하고 있다. 스마트홈은 통신, 건설, 가전, 보안, 콘텐츠, 전력 등 다양한 산업이 참여하는 진정한 융합형 서비스로 생활 혁명을 불러온다.

스마트홈과 유사한 단어로 1980년대 말부터 '홈오토'라는 단어가 등장하기 시작했다. 홈 오토메이션의 줄임말인 이 단어는 스위치로 냉난방 및 각종 전자제품을 제어하거나, 전자우편과 컴퓨터를 사용한 재택근무, 케이블 TV의 보급 등을 표현했다. 당시에는 상당히 미래 기술로 표현되던 기술이었지만, 이제는 대부분이 일상적인 것이 되었는데 앞으로는 AI의 출현으로 더욱 고도화될 것이다.

글로벌 시장조사 기관 '스태티스타'에 따르면 스마트홈 시장 규모는 2022년 1,176억 달러에서 매년 12.47퍼센트 성장을 거듭, 2027년에 2,229억 달러에 이를 것으로 예상했다. 이용 가구는 6억 7,260만 명으로 전망됐다. 글로벌 자문 업체 매킨지도 스마트홈 플랫폼의 경제적 가치가 2025년 3,500억 달러(약 420조 원)에 이를 것으로 추산했다.

국내 스마트홈도 현재진행형이다. 아파트를 보면 신축 아파트 중심으로 가구 내 조명, 보일러, 엘리베이터 등을 AI 스피커를 통해 음성으로 제어하는 'AI 홈' 서비스가 보편화됐다. 여기에 입주민의 '워라밸' 수요까지 더해져 단지 내 골프연습장, 헬스장 같은 '커뮤니티센터'를 예약하는 데까지 확대되고 있다.

초고령사회로 진입하는 우리나라는 노인 고독사 문제를 해결하기 위해 안전을 위한 IoT 서비스가 현재도 활용되고 있다. 앞으로는 초거대 AI를 활용해 노인과 감성을 담은 대화를 하고, 대화 정보를 빅데이터로 분석함으로써 노인의 인지장애나 우울증 같은 건강 이상을 선제적으로 예측해서 대응하는 실버케어 서비스가 가능해질 것이다. 더욱이 접점이 없던 이종 산업 간 협업까지 이뤄진다면 새로운 기술과 비즈니스가 탄생할 가능성은 충분하다. 스마트홈을 비롯한 스마트 라이프의 시대가 도래하는 것이다.

실제로 스마트 기술을 집과 건물에 통합하는 것이 점점 일반화되고 있는데 이런 기능은 부동산의 가치를 높이고 있다. 스마트 빌딩은 IoT를 활용하여 에너지 소비를 최적화하고 폐기물을 줄이며 운영 비용을 낮출 수 있는데 부동산 시장에서 친환경 건물과 지속 가능한 디자인에 대한 수요가 증가할 수 있다. 또한 스마트 라이프에서는 많은 양의 데이터를 생성하며 부동산 전문가는 더 나은 의사 결정을 위해 이 데이터를 사용할 수 있다.

예측 분석과 AI를 사용하여 시장 동향을 분석하고 부동산 가치를 예측하며 투자 결정을 안내할 수 있다. 이러한 데이터 기반 접근 방식은 더욱 많은 정보를 바탕으로 전략적인 부동산 투자로 이어질 수 있다.

부동산 거래에도 블록체인을 사용하면 프로세스를 간소화하고 사기를 줄이며 투명성을 높일 수 있다. 블록체인을 통해 구현되는 스마트 계약은 부동산 판매, 임대, 관리 등 부동산 거래의 다양한 측면을 자동화하고 보호할 수 있다.

스마트 라이프는 효율성, 지속 가능성 및 전반적인 사용자 경험을 향상하는 기술을 도입하여 부동산 부문을 변화시킬 가능성이 크다. 투자자는 진화하는 시장에서 경쟁력을 유지하기 위해 이러한 변화에 적응해야 한다.

허브망 핫스팟

허브(Hub)는 중심이자 바퀴 축을 뜻한다. 허브공항은 많은 노선이 만나는 중심 공항이다. 고속도로망이 덧셈 뺄셈이면, 항공망은 곱셈 나눗셈이다. 셀 수 없을 정도로 많이 연결된 비행기 노선이 모이는 항공망이 더 허브망에 가깝고, 방콕족보다 마당발족이 허브망에 가깝다.

인터넷망은 당연히 허브망이다. 구글이나 페이스북, 유튜브, 아마존, 국내 유명 포털 사이트는 모두 강한 허브망을 구축하고 있다. 세계적인 부자 기업들은 대부분 디지털 허브망을 보유하고 있다. 이 허브망은 '빈익빈 부익부 현상', 20퍼센트가 80퍼센트의 부를 차지하는 '20대 80 법칙' 등과도 연관성이 아주 많다. 평균이나 골고루 균일하게 분산되는 전통적인 구조는 사회가 복잡하고 디지털 네트워크망이 발전하면서 쏠림현상을 보인다.

우리가 잘 아는 구글 검색도 '허브망' 개념에서 탄생했다. 구글에서 '부동산'이라는 단어를 검색한다고 가정해 보자. 이 단어를 가장 잘 설명해 줄 수 있는 정보가 순위별로 검색되는데, 링크가 많이 걸려있는 허브망 척도를 파악해 우선순위로 배치된다.

노벨상을 받은 사람의 논문은 평균 1만여 개의 다른 논문에 인용된다고 한다. 1만 번 정도 엄청나게 많이 인용(링크)된다는 의미는 거꾸로 노벨상을 받을 만큼 중요하고 신뢰할 수 있다는 의미가 되니 강한 허브망 정보일수록 가치가 높다는 것을 뜻한다.

부동산 역세권을 주목하라!

허브는 블랙홀처럼 주변부를 빨아들인다. 중심과 축은 점점 중요해지고 당연히 부가 집중적으로 쌓인다. 그렇다면 부동산 시장도 허브 개념이 작동할까? 당연히 '그렇다'이다. 도시가 발전할수록, 네트워크가 많이 연결될수록, 사람들의 유동 인구가 더 쏠릴수록 핫스팟이 만들어진다. 부동산의 '역세권'이 바로 그곳이다. 반응이 뜨겁고 핵심이 되는 지점이 바로 핫스팟이다.

앞서 소개한 허브 개념을 부동산의 '역세권'에 대입하면 역세권은 부익부를 창출할 확률을 높일 수 있다는 말이 된다. 미래 부동산 투자에서 절대적인 기준은 무엇이 돼야 할까? 여러 가지가 있지만 가장 중요한 사항은 허브망이 형성되는 역세권이다. 현재 역세권은 진입장벽이 높으므로 가까운 미래, 조금 먼 미래를 예측하며 투자전략이 짜는 것이 필요하다.

다행히 역세권은 계속 만들어지고 있다. 신안산선, 신분당선, 월곶

판교선, GTX(A, B, C노선) 등이 신설될 예정이다. 새로 개통되는 역은 기존 역세권에 허브 쏠림을 강화해 매머드급 허브가 될 확률이 높다.

특히 공사가 한창 진행 중인 GTX-A노선 연신내·불광 지역은 3호선인 종로와 중구의 베드타운 중심지 역할과 6호선인 상암 DMC 지역의 배후 중심지로 3개의 지하철 허브망이 형성되는 핫스팟 지역이다.

이 지역은 GTX-A노선의 착공과 함께 신규 브랜드 아파트 설립, 각종 오피스텔 건설, 지역주택조합 추진, 상가 재건축 등 주변이 하루가 다르게 변모하고 있다. GTX-B, C노선의 정차역들도 기존 역세권에서 강력한 허브 역세권이 될 가능성이 크다.

2040 최적의 입지를 찾아라!

이외에 다양한 역세권의 전망을 살펴보자. 신분당선 서북부연장선은 용산에서 서울역, 시청, 상명대, 독바위, 은평뉴타운 등을 지나 삼송역까지 이어지는 1,846킬로미터 구간이다. 사업성 부족으로 폐기 가능성까지 거론됐던 신분당선 서북부연장선은 '제4차 국가철도망 구축계획안(2021~2030년)'에 포함돼 기사회생한 상태다. 사업 주체인 서울시가 기존 계획안을 변경해 경제성을 높인 뒤 다시 예비타당성조사 통과를 시도할 예정이다.

신분당선 남측 연결 상황은 현재 서울 강남역에서 경기도 수원 광교역을 잇는 수도권 전철 노선으로, 총횡단 시간은 정차 포함 37분이다. 수원 연장 사업노선은 '광교중앙역-월드컵경기장-수성중사거리-화서역-호매실'로 예정돼 있다. 이곳은 강남권으로 연결되는 인기 노선이어서 수요자들의 관심이 높다.

지하철 9호선 연장 구간도 눈여겨볼 필요가 있다. 서울 지하철 9호선은 황금색인데, 정말 이 색깔에 걸맞게 서울의 노른자위 지역을 연결하는 황금알 노선이다. 이 노선은 강서지역(개화역)에서 선정릉역, 종합운동장역 등 서울 한강 이남을 동서로 이어 인천공항·김포공항을 연결한다.

지하철 9호선 구간 중 허브망은 새로 신설된 '선정릉역'을 꼽을 수 있다. 분당선 환승역으로 이용되고 있기 때문이다. 또 종합운동장역은 지하철 2호선(종합운동장역)과 맞닿아 있어 환승이 가능하다.

9호선 연장사업은 현재 서울 강동구 중앙보훈병원역에서 고덕강일1지구까지 '4단계' 추진 국면에 있다. 9호선 4단계 연장선은 9호선 종착역인 중앙보훈병원역에서 길동생태공원, 한영고, 고덕역(5호선 환승), 고덕강일1지구까지 4.12킬로미터를 잇는다. 2026년 개통을 목표로 하고 있다.

서울 강동-하남-남양주를 잇는 도시철도(9호선) 연장사업은 2028년 개통 목표로 추진된다. 2024년 상반기 기본·실시설계가 완료되어 착공에 들어갔다.

한편 위례신도시에서 서울 강남지역을 관통해 서울 지하철 3호선

신사역을 연결하는 위례 신사선 경전철 사업이 진행되고 있다. 총 길이는 14.83킬로미터로 환승역 6개를 포함해 11개 역사가 새로 만들어진다. 2027년 12월 개통이 목표이다.

경기도에는 신안산선이 건설된다. 안산-광명-서울 여의도 구간과 화성 송산 차량기지-시흥시청-광명 구간을 연결하는 총 43.6킬로미터 길이의 복선전철이다. 신안산선이 예정대로 개통되면 안산·시흥에서 여의도까지 이동시간은 기존 1시간 30분에서 30분대로 줄어든다. 따라서 신안산선 착공으로 서울 접근성 개선이 기대되는 지역의 주택 가치가 높아질 것이다.

부동산은 첫째도 입지요, 둘째도 입지다. 입지 그 자체가 자산가치를 반영한다. 입지의 허브망은 당연히 역세권이나 그 주변이다. 허브망을 형성하는 역세권 핫스팟에 한 평이라도 땅이 있다면 그 가치는 아주 높을 것이다. 하지만 대부분 사람은 도전하기가 어려운 지역이기도 하다. 그렇다면 향후 10년이나 20년 후의 가치가 늘어날 곳을 미리 찾으면 된다.

PART 2

2040 서울매가플랜

서울 미래 비전 엿보기

도보 30분에
일상을 즐긴다

"15분 도시는, 우리가 가진 도시 조건 아래에서 어떻게 하면 이동시간은 줄이고 지역 서비스는 확대하는 '탈(脫)집중화'된 생활을 할 수 있을까를 고민하는 과정에서 나온 산물이다."

<도시에 살 권리>의 저자 카를로스 모레노(Carlos Moreno) 교수의 말이다. 모레노 교수는 프랑스 파리에서 15분 이내에 주거, 일자리, 교육, 의료, 문화 등 기본적인 서비스에 접근할 수 있는 15분 도시 개념을 주창했다. 그의 제안은 파리 시장 안 이달고(Anne Hidalgo)가 정책화하면서 세계적으로 알려지게 됐다. 모레노 교수는 삶과 일터가 가깝게 연결돼 있고, 멀리 가지 않고도 간단히 쇼핑하고 건강 상태를 점검할 수 있으며, 교육과 문화, 레저 활동이 근거리 내에서 가능한 도시를 강조한다.

자족적인 생활을 누리는 '보행일상권'

짧은 소요시간 안에 접근성을 가진 복합적인 도시의 기능은 프랑스 파리만의 고민은 아니다. 서울시는 지난 코로나19 당시 갑작스런 팬데

믹 때문에 재택근무와 이러닝, 온라인 상거래가 가속화하는 것을 경험했고, 일상 생활권이 주거 중심에서 다양한 도시 기능을 포함하는 복합공간으로 바뀌는 현상에 주목했다.

유연한 근무시간과 업무공간, 스마트 기술은 일상적으로 여가와 업무, 쇼핑, 교육, 문화를 누릴 수 있는 생활공간이 갖추어져 있을 때 비로소 효과를 크게 볼 수 있다.

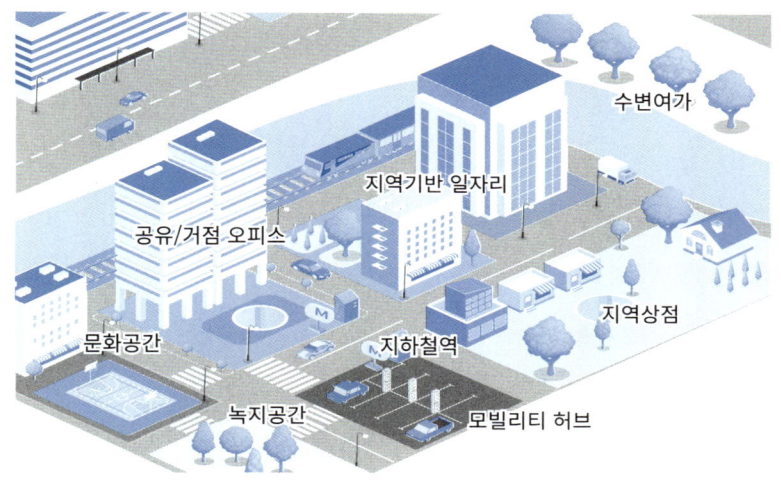

– 보행일상권 개념도 –

이에 서울시는 '2040서울도시기본계획'에 '보행일상권'이라는 개념을 가져왔다. 이는 내가 사는 집을 중심으로 주거를 비롯한 업무·소비·여가·문화 등 다양한 활동을 도보 20분 내로 걸어서 누릴 수 있는 자족적인 생활권을 의미한다. 디지털 대전환과 팬데믹으로 시공간의 제약이 사라지고 주거가 일상생활의 중심으로 부상하면서 달라진 시민 생활양식을 반영한 도시 공간의 새로운 개념으로, 더 멀리 이동하지 않고도 '나'의 생활반경 안에서 다양한 기능을 누리게 하는 것이다.

실제로 세계 각국에서는 근린 생활권을 하나로 묶는 트렌드가 나타나고 있다. 미국 포틀랜드는 탄소 배출량을 줄이고 지역 생활 형평성을 높이는 데 필요한 모든 것이 갖춰진 '20분 근린 생활권'을 구상했다. 주민의 90퍼센트가 일자리 외 일상에 필요한 재화나 서비스 등을 도보나 자전거로 20분 안에 접근하여 사용할 수 있다는 개념이다.

호주 멜버른도 도보, 자전거, 대중교통을 이용해 왕복 20분 이내에 일상에 필요한 서비스를 누릴 수 있는 '지역 중심의 삶'을 실현했다. 지역거점 시설인 '근린활동센터'를 통해 커뮤니티를 활성화하고 센터를 중심으로 근린 생활권을 확대했다.

영국 런던은 근린 생활권 계획을 제도화해 69개 구역 지정을 시행하고 스페인 바르셀로나는 사람 중심의 친환경적 도시환경을 조성하는 '슈퍼블록'을 만들었다. 싱가포르는 생활편의 시설 등 주거 생활에 필요한 서비스에 접근하는 데 20분, 직장에 출퇴근하는 데 45분 안에 가능한 25분 타운, 45분 도시를 구상했다.

서울시, 자립적 생활권 형성에 박차

서울시는 도보 30분 반경에서 다양한 도시 일상을 누릴 수 있는 자립적 보행일상권을 서울 전역에 조성할 계획이다. 이를 위해 주거용도 위주로 형성되어 있는 시민의 일상생활 공간을 전면 개편하고 새로운 추진전략을 세웠다. 인간 삶의 기본인 주거공간을 다양한 형태로 기능하는 양질의 공간으로 조성하여 업무, 교육, 쇼핑, 여가 등 다양한 활동을 수행하는 생활의 중심공간으로 확장하는 것이다.

교통 여건이 양호한 역세권을 중심으로 자유로운 원격 근무가 가능한 업무환경을 조성해 멀리 이동하지 않고도 보행일상권 내에서 근무할 수 있는 거점을 조성하는 것이 목표이다. 또한 공원녹지·수변과 같은 자연환경과 문화시설을 연계하여 자연·문화시설에 도보로 쉽게 접근할 수 있으면서도 안전하고 쾌적한 도심 속 여가 환경을 조성해 누구나 이동할 수 있도록 만든다는 것이다.

이러한 보행일상권에서는 걸어서 이동하는 보행이 절대적이다. 이에 1인이나 2인이 이용할 수 있는 교통수단인 전동킥보드, 전기자전거 같은 퍼스널 모빌리티를 통합한 교통 네트워크를 구축하려 한다. 고령자와 임산부, 장애인 등 교통약자를 배려한 무장애 보행환경도 조성해 시민의 편리하고 안전한 이동환경을 조성한다.

보행일상권을 확보하기 위해서는 도로, 철도 등의 도시기반시설도 재정비도 필요하다. 서울시는 도시시설의 지상은 보행중심의 공간으로 조성하고, 지하는 빠르고 안전하게 이동할 수 있는 공간으로 구축할 계획이다.

서울시는 보행일상권의 거리·규모 등 공간적인 범위와 주거, 여가, 문화, 상업 등 필요한 도시 기능에 관한 내용 범위를 구체화하고 이에 따른 조성 기준을 마련할 방침이다. 시급성, 실효성, 중요도를 따져 시범 사업 대상지도 선정할 예정이다.

낭만을 담은
'서울형 수변 감성도시'

W씨(53)는 퇴근 후 은평 불광천 주변에서 산책한다. 불광천은 곳곳에 오리와 철새가 자리를 잡은 생태 하천이라 도심에서 자연을 즐길 수 있다. 게다가 밤에는 은은한 조명의 조형물과 주변 불빛으로 야경이 멋스럽다. 수변 무대에서는 색소폰 연주자가 재즈풍의 감미로운 곡을 연주하고, 옹기종기 모여있는 사람들은 박수로 화답한다. W씨는 맛집이 즐비한 천변의 전망 좋은 단골 식당으로 향한다. 아내와 같이 불광천을 바라보며 하는 저녁식사는 하루의 피로를 풀어준다.

서울 전역 332킬로미터가 수변 대상

수변도시로 이미 자리 잡은 낭만이 살아있는 서울 은평구 불광천변. 앞으로 이러한 수변 감성 도시는 더욱 늘어날 예정이다. 2024년 들어와 불광천도 수질개선을 위한 하천 정비가 한창이다.

'서울형 수변 감성도시'는 서울 전역에 흐르는 332킬로미터의 실개천과 소하천 등 수변을 중심으로 공간구조를 재편하는 사업이다. 단순하게 하천 정비가 아닌 수변의 감성을 느끼면서 문화, 경제, 일상 휴식 등 다양한 야외활동이 가능하도록 시민들의 생활공간을 바꾸고, 지역이 가진 역사·문화·경제적 자산과 연계해 지역경제 활성화와 균형 발전까지 도모한다.

도심 내 하천은 보행권 안에서 누릴 수 있고 시민 삶의 질을 높일 수 있는 대표 공간이지만, 그동안 도로나 제방 등으로 단절돼 있어 접근이 어려웠다. 또한 기능적인 홍수 대응 공간으로 인식되면서 공간 활용 역시 녹지, 체육 공간 등 단순하고 획일적인 수준에 머물러 있던 것이 사실이다.

- 불광천 -

이에 서울시는 최상위 공간계획이자 향후 20년 서울이 지향할 도시공간 미래상을 담은 '2040서울도시기본계획'의 6대 공간계획의 하나로 '수변 중심 공간 재편'을 제시한 바 있다.

서울형 수변 감성 도시는 서울의 물길을 따라 시민의 일상적인 휴식·여가 공간을 만들어 시민의 삶에 문화와 감성이 흐르게 하겠다는 의미가 담겼다. 다소 낯설고 딱딱하게 느껴지는 '지천'이라는 용어 대신 '수변'과 '감성'이라는 키워드를 통해 시민에게 더욱 가깝게 다가간다는 취지다.

'감성' 키워드로 4개의 시범 시행

서울시는 이름 변경과 함께 각기 다른 특징을 가진 도림천, 정릉천, 홍제천(상·중류)에서 4개의 시범사업을 시작한다. 하천과 지역의 특성에 따른 선도모델을 마련해 서울 전역으로 확대하기 위한 것으로, 연내 기본·실시설계를 완료하고 2024년 상반기 완공해 시민들에게 선보인다.

구체적으로 신원시장, 순대타운 등 지역 상권과 가까운 도림천은 음식과 문화를 함께 즐길 수 있는 수변 테라스 등을 조성해 지역경제 활력을 유도한다. 또한 문화·여가시설이 전무 했던 정릉천은 경관을 해치고 이용도도 떨어졌던 애물단지 복개 구조물이 '복합문화공간'으로 재탄생한다.

이외에도 홍제천 상류에는 수려한 암반 경관과 역사 문화재인 홍지문, 탕춘대성과 연계해 명소화를 추진하며, 홍제천 중류 인공폭포 주변에는 유럽 같은 물길 옆 '노천카페'도 조성한다. 선도적인 시범사업 4개소를 시작으로 2030년까지 서울 전역으로 확산한다.

또한 대부분 말라 있고 수심이 얕은 건천(乾川)인 서울시 내 하천이 약 30센티미터 수심의 풍부한 유량을 자랑하는 하천으로 거듭날 수 있도록 수자원 활용계획도 2024년 하반기까지 수립한다. 수질이 양호한 하수재처리수, 유출 지하수 등 도시물자원을 적극적으로 활용한다는 계획이다.

서울시는 '서울형 수변감성도시' 본격화와 함께 ▲ 유형별 사업모델 마련을 위한 시범사업, ▲ 규제 완화를 통해 수변 노천카페 등 다양한 문화·경제활동 도입, ▲ 깨끗하고 풍부한 하천 회복을 위한 수자원 활용계획 수립 및 하천 시설물 디자인 개선 등 3개 과제를 우선 추진한다. 이와 함께 시가 2차례 전수조사를 통해 파악한 632건에 대한 정비도 병행한다. 악취나 위험을 유발하는 시급 대상 447개소는 2024년 5월 완료했고, 전문가 검토와 추가 예산이 필요한 185개소는 2025년까지 정비를 완료한다.

서울시는 안전이 확보되는 범위 안에서 수변공간을 최대한 활용할 수 있도록 기존에 수변공간 활용을 제한했던 제도들도 개선한다. 수변 500미터~1킬로미터 안에서 재개발·재건축 등 개발사업이 시행되면 일상 속으로 물길이 들어올 수 있다. 또한 하천법, 건축법 등 관련 법 개정도 정부에 적극적으로 건의할 계획이다.

현재는 건축법과 하천법에 따라 하천구역 내에 일반건축물 건립

이 불가능하지만, 건축법상 대지 요건을 완화하는 특례를 신설하고 고정식 건축물을 설치할 수 있도록 하천법을 보완하는 방안을 건의하겠다는 것이다.

서울시는 4개 시범사업을 차질 없이 추진하고, 2030년까지 이보다 큰 규모의 권역 단위의 '공공친수지구'를 중랑천, 안양천 등 5개소에 조성한다. 소하천 등 동네 하천에는 수변 테라스 카페, 쉼터 등으로 일상을 풍요롭게 하는 '수변 활력 지점' 30개소를 조성할 계획이다.

지역별 수변도시 현황

○ 종로구 홍제천 상류

역사와 자연, 감성적인 야경이 공존하는 '일상 속 역사문화 공간'으로 재탄생한다. 북한산 자락을 따라 흐르는 물길과 지역의 대표적인 역사 자원인 홍지문, 탕춘대성을 조망할 수 있는 수변 테라스, 문화재를 탐방할 수 있는 보행로, 은은한 빛으로 아름다운 야경을 선사하는 조명 등을 설치할 계획이다.

○ 은평구 불광천

도로와 각종 시설물로 접근이 단절된 증산역 일대에 주민들의 발길을 이끄는 '수변 감성 거리'가 조성된다. 도로를 재구조화하고 시설물을 옮겨 접근성을 개선하고 수변과 연계한 커뮤니티 광장, 쉼터 공간을 조성한다. 하천과 도시공간을 자유롭게 넘나들어 지역이 활성화될 것으로 기대된다.

○ 관악구 도림천

신원시장·순대타운 등 지역 상권과 연계되는 '공유형 수변 테라스'와 '쉼터'가 함께 조성된다. 공연, 지역행사, 바자회 등 다양한 문화 행사가 열리는 공간으로 운영해 지역경제 활력을 유도한다.

○ 동작구 도림천

풍수해로부터 주민을 안전하게 지켜주는 버팀목이었던 제방을 활용해 '주민 커뮤니티·놀이공간'을 조성한다. 미끄럼틀, 암벽등반 등을 즐길 수 있는 어린이 놀이터 '벚꽃놀이마당', 청·장년층의 모임·운동 공간인 '숨마당' 등을 설치해 치수와 친수가 융합된 새로운 공간 활용 방식을 제안할 계획이다.

○ 강남구 세곡천

인근 주민, 직장인, 어린이 등 다양한 거주민과 세대가 어우러질 수 있는 '수변 주거문화' 공간으로 탈바꿈한다. 상류부터 하류 물길 전반에 걸쳐 광장, 갤러리, 테라스를 조성해 만남·축제·공연·놀이의 장을 제공한다.

○ 강남구 양재천

전 세대를 아우르는 만남의 공간으로 조성된다. 수변 테라스 카페 '양재천 커넥션 카페'와 '북카페', 양재천의 수려한 자연경관을 한눈에 내려다볼 수 있는 '전망 공간'을 조성해 시민 만남의 장소로 활용할 계획이다.

○ 성북구 성북천

물길 전반에 걸쳐 사람이 모이고, 여가·문화를 즐길 수 있는 교류의 장소로 재탄생한다. 분수 광장, 바람 마당, 범바위 공원, 꿈나라어린이공원 4곳에 '광장'을 설치해 활력 거점으로 조성한다. 거점 사이에 문화·예술 특화 거리를 조성해 다채로운 문화 공연을 즐길 수 있는 콘텐츠를 도입한다.

이외에도 동대문구 정릉천, 강동구 고덕천, 송파구 성내천 3개소에 대해서는 현재 각 지역의 특색을 반영한 기본·실시설계가 진행되고 있다. 또한 은평구 구파발천, 노원구 당현천, 송파구 장지천, 금천구 안양천, 강북구 우이천, 성동구 중랑천, 서초구 여의천, 구로구 안양천은 2023년 기본·실시설계를 완료했고 2024년까지 모두 준공한다는 목표다.

입체개발로
동서를 통합한다

서울시 오세훈 시장은 2023년 미국 뉴욕 허드슨강 일대 수변 중심의 도심복합개발단지 '허드슨야드'와 주변 건물의 공중권을 양도받아 초고층 고밀 개발된 '원 밴더빌트' 등을 집중적으로 둘러봤다. 허드슨 야드는 2005년부터 맨해튼 미드타운 서쪽 허드슨 강변의 낡은 철도역, 주차장, 공터 등 약 11만 제곱미터 부지를 입체적으로 재개발 중인 사업으로, 뉴욕을 대표하는 도심 재탄생 사례로 손꼽힌다. 뉴욕시는 2003년 마스터플랜을 통해 부지가 균형감 있게 개발되도록 합리적인 용도지역제를 제시, 입체적인 보행로와 업무·상업, 문화시설로 동·서측이 자연스럽게 연결되게끔 유도했다.

'기반시설 입체화'로 새 도시공간 탄생

구도심은 비계획적인 자연스런 도시의 발전에 따라 남북과 동서가 균형적인 발전을 이뤄내지 못했다. 이에 따라 동서의 균형을 갖춘 도시계획이 필요하다. 특히 서울의 경우에는 철도 중심의 성장을 거듭해

도시 내 철도에 의한 보행 단절 및 주변 주거환경 악화를 초래했다. 이에 도심의 철도는 효율적인 교통수단으로 도시의 성장을 견인하였으나, 보행체계 단절과 지역 환경 악화 등 여러 도시 문제를 초래하는 시설물이 되었다.

지상철도 대부분이 시가지화가 높은 서울 시내를 관통하면서 지역 간 물리적인 단절과 도심 공간 활용의 제한을 초래하였으며, 지역주민들에게 소음, 진동, 조망권 침해 등 다양한 피해를 유발하고 있다.

- 지상철도 현황 -

GTX 등 광역교통망의 확충으로 수도권 광역화는 가속될 것으로 전망되며, 지역 간 연계성 강화가 요구될 것이다. 따라서 철도 중심의 교통 체계를 구축하기 위해서는 공간 단절, 주변지역 낙후 등 철도가 초래하는 도시문제에 대한 해결방안 모색이 필요하다.

지상 철도로 단절된 지역 내 연결성 확보

이에 서울시는 소폭 단선철도로 보행 단절이 발생하는 지역에 육교와 경사형 이동 수단 등 보행 중심의 연결 수단을 설치하여 단절된 보행 체계를 연결하는 방법을 강구하고 있다. 철도의 지하화 및 상부공간의 갑판 활용을 통하여 지역 간 연결성을 확보하고 토지를 입체적으로 활용하여 서울 중심부 내 새 공간을 창출하는 등 가용지 부족 문제를 해결한다.

또한 주요 거점 역사와 차량기지의 복합개발을 통해 주거·업무·여가 등 지역 특성을 고려해 효율적으로 토지를 개발함으로써 지역 중심 역할을 부여한다. 장기적으로는 대규모 차량기지 이전을 검토하되, 지역 활성화 및 기능고도화를 위해서는 기존 시설을 활용한 입체복합개발 방식으로 유도하는 방향을 갖고 있다.

서울 전역의 지상철도에 대한 단계적 지하화 검토도 추진 중이다. 노후하고 단절된 지역의 활성화와 서울의 미래 성장 중심 공간을 조성하기 위해 장기적 관점으로 단계적인 철도 입체 복합화를 검토한다. 재원 확보를 위해 지상철도 부지의 높은 토지가치를 적극적으로 활용하고, 이를 통해 공공재원의 부담을 최소화하여 사업의 실현 가능성을 높인다.

복합개발시설, 동서울터미널 개발

서울시 입체적인 복합개발의 사례로 대표적인 것이 동서울터미널 현대화 사업이다. 이는 단순히 여객터미널의 기능 개선을 넘어 지하에 터미널과 환승센터, 지상부엔 수변 휴식·조망 공간, 공중부엔 상업·업무시설 등을 유기적으로 배치하여, 터미널을 이용하지 않는 시민도 연중 찾아와 즐기는 복합개발시설로 개발하려는 것이다.

1987년 문을 연 '동서울터미널(연면적 4만 7,907제곱미터)'은 112개 노선, 하루 평균 1,000대 이상의 고속·시외버스가 운행되고 있다. 그러나 30년 넘게 운영되면서 시설이 노후했고 주변 교통체증 등으로 몸살을 앓아온 지 오래다.

동서울터미널은 한강의 역사성과 상징성을 극대화하기 위해 과거 광나루터를 오갔던 돛단배를 형상화한 건축물로 조성하고, 타워 최상층을 비롯한 중층부 곳곳에도 한강과 서울 전경을 감상할 수 있는 전망 특화 공간을 마련할 계획이다.

이와 유사한 개발사례가 1913년 개관한 미국 뉴욕의 그랜드센트럴역이다. 이 역은 세계 최대 기차역으로 뉴욕시는 터미널 보존을 위해 저층부 터미널은 유지하면서 상부의 넓은 부지에 대한 '공중권'을 양도할 수 있게끔 유도, 혁신적인 도시개발을 이뤄냈다.

대표적으로 하얏트 그랜드 센트럴 뉴욕 호텔 대지에 사업을 진행 중인 '175 파크애비뉴 프로젝트'는 그랜드센트럴역의 용적률을 양도받아 초고층 건물, 녹지 확보, 터미널 연계 입체복합 개발을 진행 중이다.

뉴욕의 마천루인 원 밴더빌트 건설 심의 당시 도시의 건축심의 위원들은 100년이 넘은 그랜드센트럴역에 대한 조화를 주문한 것으로 전해진다. 이에 원 밴더빌트는 세라믹 재료와 디자인을 통해 연속성을 나타냈다. 건물 디자인을 통해 100년의 세월을 자연스럽게 이어놓은 것이다.

동서울터미널 최상층에 배치될 전망대는 원 밴더빌트의 전망대인 서밋과도 닮았다. 남쪽으로는 한강과 강남 도심을, 북쪽으로는 남산타워와 북한산까지 360도 파노라마로 다양한 각도에서 전망을 즐길 수 있게끔 조성하고 공중정원, 수변 전망대 등도 설치할 계획이다.

현재 서울시는 동서울터미널 현대화를 추진할 민간 사업자인 신세계 동서울 PFV(신세계프라퍼티 등)와 구체적인 공공기여 계획을 담은 사전협상(안)을 마무리하고 2024년 상반기 지구단위계획 결정, 2024년 말 건축 인허가 등을 거쳐 2025년 착공을 목표로 추진 중이다.

현재 사전협상이라는 제도적 기반을 바탕으로 용적률 상향 등 유인책을 활용해 강변북로에 가로막혀 있었던 한강-강변역-터미널을 연결하는 '보행데크'를 조성, 구의공원 재구조화와 구의유수지 방재 성능 고도화 등 지역 주민 중심의 공공기여도 끌어냈다.

또한 서울에서는 공공(SH공사) 주도의 '창동역 복합환승센터 사업'도 추진되고 있다. 시는 두 사업을 광역교통 중심 복합개발의 신호탄 삼아 향후 상업·문화·주거시설까지 확장, 100년 서울 도시공간 대개조를 견인하는 선도사업으로 추진한다는 계획이다.

3개 도심과 4대 혁신축의 만남

국토교통부 대도시권광역교통위원회 자료에 따르면 서울 직장인들은 하루 평균 출근에 57분, 퇴근에 59분을 쓴다. 매일 평균 약 2시간을 버스나 지하철에서 보내면 아무래도 지칠 수밖에 없다. 이에 직장인들은 집과 직장의 거리를 좁히려고 한다. 직장과 주거지가 가까운, 이른바 '직주근접'이 가능한 지역을 찾는 것이다. 따라서 상업, 문화, 행정, 교통 기능이 모인 아주 번창한 곳인 도시의 중심부, 도심이 부각될 수밖에 없다. 인구 1,000만의 도시 서울에는 3대 도심이 있다. 바로 한양도심, 여의도·영등포, 강남이 그곳이다.

여의도·영등포, 강남 중심으로 중심지 고도화

서울은 고도성장기에 빠른 도시화를 경험하였으나 급변하는 여건 속에서 글로벌 경쟁 심화, 가용공간 부족, 계획 규제 등의 영향으로 사회 전반의 활력이 둔화하고 있다. 이에 기존의 경직되고 일률적인 제한과 규제보다는 유연한 도시계획체계로 전환하고 지역 간 연계성을 강화하여 가용지를 확보하는 등 공간의 한계를 극복할 필요성이 제기되고 있다. 개인의 삶의 질과 여가생활 등 질적인 측면이 중요시됨에 따라, 일자리뿐만 아니라 주거, 여가 등이 융복합된 공간에 대한 수요가 커지기 시작했다. 이에 서울시의 성장잠재력을 지속해서 극대화하기 위해 미래 신성장 산업 발굴 시, 중심지와 산업거점을 연계하여 육성할 필요가 있다.

한양도심은 전통적인 업무지구이다. 서울 종로구 광화문과 종각역, 중구 을지로입구역 일대를 지칭하는데 지하철은 1·2·3·4·5호선이 주로 지나간다. 한양도심은 1960년대 후반부터 본격적으로 개발됐다. 가장 오래된 만큼 중요한 행정기관이 많이 몰려있다. 또 다른 특징은 역사·문화시설이 많다는 것이다. 경복궁, 창경궁, 덕수궁, 청와대가 한복판에 있다. 우리나라 대표 백화점인 신세계·롯데백화점의 본점도 찾아볼 수 있다.

수도 서울의 상징적인 공간인 한양도심은 남북 방향의 4개 축(광화문–시청 '국가중심축', 인사동–명동 '역사문화관광축', 세운지구 '남북녹지축', DDP '복합문화축')과, 동서 방향의 '글로벌 상업축'의 '4+1축'을 조성해 서울 도심에 활력을 확산하고, 첨단과 전통이 공존하는 미래 도심으로 재탄생시킨다.

이를 실현하기 위해 도시 계획적 전략으로 도시규제를 합리적으로 완화한다. 기존의 획일적인 높이 규제를 유연화하고, 다양한 유인책을 통해 용적률을 상향하고 소규모 필지 위주 개발에서 지역 여건에 맞게 규모있는 개발로 전환한다.

강남은 서울 강남구와 서초구 일대 업무지구를 뜻한다. 테헤란로와 강남대로가 지나는 지역이 대부분 여기에 속해 있다. 강남은 1980년대 중후반부터 개발이 시작됐다. 강남구에는 대기업과 IT 기업, 게임업체, 스타트업 기업이 많이 몰려있고, 서초구에는 대법원, 대검찰청을 중심으로 법률사무소들이 모여있다. 버스와 지하철 노선이 사통발달로 촘촘히 마련되어 있어 대중교통 편리성이 가장 좋은 곳으로 거론되기도 한다. 지하철은 2·3·7·9호선과 분당선, 신분당선이 지나가고 서울고속버스터미널도 근방에 있다.

이처럼 테헤란로를 따라 업무기능이 집적·포화한 강남은 경부간선도로 입체화, 국제교류 복합지구 조성 등과 연계한 가용지 창출을 통해 중심 기능을 잠실, 서초 등 동-서 방향으로 확산시킬 계획이다. 이 밖에도, 19개 중심지(7광역중심 12지역중심)를 산업과 연계하여 집중 육성할 계획이다.

1980년대 초반부터 본격 개발된 영등포·여의도는 서울 영등포구 여의도 일대를 일컫는다. 영등포·여의도의 가장 큰 특징은 금융기업이 몰려있다는 것이다. KB국민은행, NH농협은행, IBK기업은행,

KDB산업은행 등이 자리를 잡고 메리츠증권, NH투자증권, 한국투자증권, 하나증권, SK증권 등 증권사도 모여있다.

세계 금융 중심으로 육성 중인 '여의도'는 용산정비창 개발로 부족한 가용공간 문제를 해소하고, 착공할 용산국제업무지구의 기능과 연계해 한강을 중심으로 한 글로벌 혁신 코어로 조성한다. 또한 노들섬을 '글로벌 예술섬'으로 조성하고, 신교통수단 도입 등을 통해 수상 활용성과 연결성도 강화한다. 샛강, 올림픽대로의 입체적 활용과 노량진 일대의 가용지 활용도 추진한다.

이러한 3도심을 중심으로 미래 변화를 담을 수 있도록 규제 완화, 지역 간 연계, 입체복합개발 등을 추진하여 도시의 활력을 제고하고, 서울의 국제 경쟁력을 견인하는 성장동력으로서 중심 공간의 기능 고도화를 도모한다.

'4대 신성장 혁신축' 발굴 추진

'4대 신성장 혁신축'을 중심으로 중심지 체계와 주변 산업자원을 연계하여 분야 간 연계가 가능한 클러스터를 조성하고, 이를 기반으로 지속적인 성장동력을 발굴하여 추진한다. 청년 첨단 혁신축(동북권), 감성문화 혁신축(서북권), 국제경쟁 혁신축(서남권), 미래 융합 혁신축(동남권)이 바로 그 신성장 축이다.

– 4대 혁신축: 중심지와 산업거점 연계 –

　미래 변화를 담을 수 있도록 새로운 도시공간 수요에 대응하고, 정량적·규제적 접근보다는 정성적 계획지원 체계로 전환하여 도시변화에 유연하게 대처한다.

모빌리티로
새로운 물류 네트워크 조성

새로운 교통체계 서비스인 모빌리티 서비스를 도입한 핀란드는 교통의 획기적인 변혁을 이뤄내고 있다. 인구가 60만인 수도 헬싱키에서 철도와 택시 등 교통수단을 연계하여 검색·예약·결제할 수 있는 원스톱형 모빌리티 앱인 '윔'을 민간기업인 윔글로벌이 제공하기 시작했다.

윔은 월정액제와 구독사업 모델을 도입하고 있다. 소비자들은 월 490유로를 내면 무제한으로 교통수단을 사용할 수 있고, 택시는 1회 5유로를 지불하고 시내에서 탑승할 수 있으며 공유자전거도 이용할 수 있다.

핀란드 정부는 국책과제로 모빌리티 서비스를 추진하고 있으며, 새로운 교통사업법은 여객 운송, 배차, 카 셰어링, 주차장 운영 등의 사업자가 주요 데이터를 오픈 인터페이스에서 개방하도록 의무화하였다.

미래 교통수단과 공간구조 개편

서울시도 미래교통수단 도입에 따른 도시 활동 변화 및 공간구조 재편 대비에 적극적이다. 빠르게 진화하는 미래 교통수단은 도시공간에 새로운 변화를 일으킬 것이며, 도시 내 이동패턴의 변화를 가져올 것으로 예측된다.

이러한 점을 고려하여 도시 내 다양한 통행행태가 공존하는 포용적인 교통체계 구축을 준비해야 한다. 기존에 없던 새로운 교통은 통상 인프라 구축에 많은 시간이 소요되기 때문에 교통수단이 도입된 이후에 준비하기보다는 개발단계에서부터 이를 지원하기 위한 교통인프라 구축 구상이 요구되며, 새로운 도시 인프라 확충에 대한 도시 계획적 지원이 필요하다.

또한 자율 주행 자동차 본격 운영 체계 구축도 준비 중이다. 자율 주행은 현재 제일 가시화되고 있는 미래 교통기술로 시장의 주도권을 확보하기 위해 각국의 노력이 집중되고 있다. 단계적으로 2030년까지 간선도로급 이상 도로에서 운영할 수 있는 도로 인프라 환경을 조성하고, 2040년까지 서울 전역으로 자율 주행 운행 환경을 구축하는 것을 목표로 한다. 자율 주행 교통체계가 멀지 않았다.

자율 주행은 마곡·강남·여의도 등으로 시범 운영지구를 확대해 거점별 특성에 맞는 다양한 이동 서비스를 상용화하고 자율 주행 버스를 대중교통수단으로 정착시킨다.

2024년 상암·강남 등 211킬로미터 구간에 설치된 자율 주행 인프라를 오는 2026년까지 2차로 이상 모든 도로(총 5,046킬로미터)로 확대한다.

서울형 도심 항공교통 기반 마련 및 터미널 확충도 절실하다. 도심에서 김포공항까지 시범노선을 운영하는 등 상용화 노선을 확보하고, 장기적으로 한강, 지천 등 주요 수변 공간 중심으로 광역노선을 확보한다. 또한 도심 항공 모빌리티(UAM, Urban Air Mobility) 인프라 확보를 위한 유인책 및 도시 계획적인 지원 방안도 함께 검토한다.

– 한국형 도심항공교통(K-UAM) 로드맵 –

서울 전역에 모빌리티 허브 구축

서울시는 UAM 등 미래교통수단과 GTX, 개인이동수단 등 다양한 교통수단을 연계하는 복합환승센터 개념의 '모빌리티 허브'도 조성한다.

공간 위계에 따라 유형별(광역형·지역형·근린형)로 설치해서 교통수단 간 접근과 환승을 지원하고 공공서비스·물류·업무·상업 등 다양한 도시기능을 복합적으로 제공해 입체 교통도시를 완성하는 것이 목표다.

도심 및 광역거점에 서울 내부와 외부의 연계를 위한 미래 교통과 기존 교통을 연결하는 시설이 도입되는 것이다. 또한 교통뿐 아니라 공공서비스, 물류, 상업 등 다양한 기능들이 복합적으로 제공되는 지역 거점 모빌리티 허브를 서울 전역에 도입한다.

다차원 새로운 물류 네트워크 구축

서울시는 도심 내 물류 수요가 급격히 증가할 것에 대비하여, 공중 활용을 위한 드론 배송 인프라 조성, 지상부의 자율형 물류 로봇 배송, 지하철을 활용한 지하 배송체계 구축 등 '공중+지상+지하'를 모두 활용하는 '3차원 물류 네트워크' 구축도 추진 중이다.

정부 역시 이러한 물류 네트워크 활성화에 발을 벗고 나서고 있다. 국내외 정책 여건을 고려해 우리 물류산업의 성장 잠재력을 끌어올려 신산업으로 도약하기 위한 새로운 성장 전략을 마련하려 한다.

오는 2026년 로봇 배송이 이뤄지고, 2027년 드론 배송 조기 상용화를 추진한다. 이를 위해 정부는 민간의 기술개발 및 실증을 지원하고, 미리 시험적으로 적용해보는 물류 전용 테스트베드를 조성한다.

무인 배송 법제화와 안전기준 마련 등 신기술의 안착을 위한 제도적 기반도 단계적으로 마련한다. 물류뿐만 아니라 플랫폼, IT 등 여러 분야의 기업이 참여하는 민·관 협의체인 가칭, 스마트 물류 발전 협의체를 구성해 사업화 모델을 발굴하기로 했다.

AI·빅데이터 기반 전국 초단시간 배송(30분~1시간) 구현을 위해 도심 내 주문배송시설(MFC, Micro Fulfillment Centers)의 입지를 허용한다. MFC는 주문 수요를 예측하여 재고를 관리하고, 주문 즉시 로봇이나 드론이 배송하게 하는 시설을 말한다. 민간의 낙후된 물류창고의 디지털 전환을 지원하고, 민간의 첨단 물류 기술 연구·개발 지원도 강화할 예정이다.

화물차 자율 주행 상용화에도 적극적으로 나선다. 2023년 자율주행 화물차가 주행할 수 있는 시범운행 지구를 지정했다.
또한 2027년까지 기존 도시철도를 활용한 지하 물류 운송 시스템을 구축하고, 물류 전용 지하터널에 대한 기술개발도 추진한다. 콜드체인 기술을 기반으로 온·습도 등 운송 환경에 민감한 화물을 감시하기 위해 민간 기술개발에 대한 세제 지원 등을 추진한다.

도심 내 물류 용지 부족으로 인한 물류 비효율성을 개선하기 위해 도심지역에도 도시 첨단물류단지 등 물류 거점을 조성한다. 신도시를 개발하면 개발사업자가 사전에 생활 물류 시설 용지를 확보하도록 할 예정이다. 도심 인근지역에는 고속도로, 철도용지 등 유휴부지를 활용해 부족한 물류 인프라를 확충한다. 2040년까지 물류체계는 더욱 다차원적으로 발전해 나갈 전망이다.

탄소중립
안전 도시 조성

덴마크의 코펜하겐은 대표적인 녹색도시이다. 덴마크는 온실가스 배출량을 40퍼센트 줄인 탄소중립 국가 중 하나이다. 또한 자전거 전용 슈퍼 고속도로를 구축해 도시와 교외 지역을 연결하고 도시 열섬화 현상을 줄이는 등 활발한 정책을 시행하고 있다. 특히 코펜하겐 시민들의 이동 수단의 75퍼센트가 자전거나 도보 혹은 대중교통이라고 한다. 영국 런던도 초저배출 구역(ULEZ, Ultra Low Emission Zone) 적용 지역이 2023년 도심에서 18배 확장되어 유럽에서 가장 큰 구역이 되었다.

하지만 저배출 차량으로 전환하는 것으로 충분치 않아서 파리와 같은 일부 도시는 650킬로미터에 달하는 새로운 자전거 도로를 만들고 있으며 차량통제도 엄격히 하고 있다. BBC에 따르면 이미 세계인구의 절반 이상이 도시에 거주하고 있으며 향후 몇십 년 안으로 지구상 인류의 68퍼센트가 도시에 거주하게 된다는 연구 결과도 있다. 도시는 온실가스 배출량의 60퍼센트를 차지할 정도로 기후변화에 있어서 그 책임이 막중하며 거주민이 증가할수록 기후에 미치는 영향도 더욱 커질 것이다.

대도시 차원의 대응 필요

서울시의 2017년 온실가스 배출량은 46,6천 톤CO_2eq로 2005년 배출량에 비해 5.6퍼센트(276만 톤CO_2eq) 감소하였으며, 서울의 1인당 온실가스 배출량은 4.7CO_2eq로 국가의 13.8톤CO_2eq에 비해 낮은 수준이다. 또한 2014년 기준 서울의 1인당 온실가스 배출량은 4.5CO_2eq로 세계 주요 도시에 비해 낮은 수준을 보인다.

그런데도 기후변화 문제는 21세기에 전 지구적으로 가장 위중한 영향을 미칠 것으로 예상되기에, 탄소중립과 기후 위기 대응은 국제, 국가, 도시의 핵심 정책이 돼야 한다.

2015년 파리협정 이후, 우리나라를 비롯한 미국, 유럽연합 등 세계 136개국이 탄소중립을 선언하였으며, 서울시를 비롯한 뉴욕, 런던 등과 같은 많은 글로벌 도시에서 탄소중립을 시정의 핵심과제로 추진 중이다.

한국은 2020년 '한국판 친환경 뉴딜'을 발표하며 공식적으로 2050 탄소중립을 선언하였으며 서울시 역시 2020년 '친환경 뉴딜 추진을 통한 2050 온실가스 감축 전략'을 발표하고 탄소중립 선언에 따른 부문별 사업을 적극적으로 추진하고 있다.

서울시는 2050년 탄소중립을 목표로 2030년까지 2005년 배출량 대비 40퍼센트, 2040년까지 70퍼센트를 감축하기로 하였다. 또한 2022년에 기후변화대응 종합계획을 수립하여, 2026년까지 5년간 2005년 대비 온실가스를 30퍼센트 감축하기 위해 구체적인 실행계획을 수립하였다.

특히 서울시는 현재 온실가스 배출량의 90퍼센트를 차지하고 있는 건물과 수송 부문 감축을 위해 적극적인 대책을 마련하고 있다. 2026년까지 저탄소 건물 100만 호 전환 사업으로 건물 온실가스 총량제, 신규건물 에너지 절감 건물(제로에너지빌딩, ZEB) 의무화를 추진한다. 그리고 수송 부문 배출감축을 위해 전기차 비중을 2026년까지 10퍼센트(2021년 5.2만 대 → 2026년 40만 대)로 확대할 계획이다.

기후위기 대응요구 심화

서울은 인구, 시설 등이 밀집해 있는 대도시로 기온 상승, 폭염, 집중호우, 태풍, 한파 등 극한 기후현상이 더욱 빈번하게 발생할 것으로 전망된다. 이러한 기후위험은 서울시민의 일상생활과 안전을 크게 위협할 수 있다. 따라서 시민의 일상을 보호하고 도시의 회복력을 강화하기 위한 적극적인 기후위기 대응전략이 필요하다.

특히 다양화되고 복합화되는 재난안전사고에 대응해 전통적인 자연·사회재난의 범주뿐 아니라, 신종 복합재난까지 대비할 수 있는 다면적인 대응체계 마련이 요구된다.

탄소중립은 돌이키기 어려운 기후재난을 막기 위한 국제사회와의 약속이기에 시의 모든 정책과 사업의 결정 과정에서 빠져서는 안 될 포괄적 '원칙'으로 자리 잡아야 한다. 서울시는 온실가스 감축 방안을 모든 예산사업에 고려하고 반영하기 위해 2021년부터 기후예산제 시범사업을 진행 중이다.

탄소중립 지원센터 운영 시작

2022년부터 운영하기 시작한 서울시 탄소중립지원센터는, 서울시가 '2050 탄소중립' 목표를 실행하고 달성할 수 있도록 체계적이고 안정적으로 정책을 뒷받침하기 위해 출범했다. 하루가 다르게 바뀌어 가는 온실가스 감축과 기후 문제에 대해 보다 전문적이고 체계적인 분석과 연구를 통해 시의 정책추진에도 길라잡이 역할을 다할 예정이다.

또한 탄소중립 지원센터는 도시의 경쟁력, 시민의 삶과 직결된 다양한 탄소중립의 시대적 과제들을 충실히 수행하며 지역이 주도하는 탄소중립 사회 전환의 초석이 될 것으로 기대되고 있다.

탄소중립 및 기후 위기 대책을 개별 사업 단위로 마련해 왔으나, 이러한 탄소중립지원센터 운영을 계기로 앞으로는 도시계획 및 도시 인프라 전반에서 더욱 장기적이고 구조적으로 접근하게 된다. 토지이용 공간구조 개편, 주거환경, 공원녹지 등 관리계획 수립 시에 기후변화에 대응할 관련 기준도 제시한다.

친환경 기술개발 및 적용을 통한 탄소 배출량 감축, 친환경 교통 인프라 확충, 지역 내 청정에너지 기반 구축 등 탄소배출 감소를 위한 도시 에너지 체계 개편을 적극적으로 추진한다. 기후 위기, 도시재난 등이 발생했을 때 이를 효율적으로 인지하고 관리할 수 있는 별도의 강력한 사령탑을 구축하여, 실·국·본부 간 원활한 협력과 정책 결정의 추진력을 얻을 수 있도록 한다.

개별 부서만의 사업과 정책이 아닌, 다부서·다기관과의 협력체계를 통한 통합적인 관리책 마련하고 명확한 정보공유와 지속적인 환류체계를 통해 전방위적인 안전·방재체계를 구축한다.

2050 탄소중립 목표를 달성하기 위해 현재 진행하고 있는 온실가스 감축 사업들의 성과관리체계를 확립하고, 정확한 자료를 수집하여 집계할 수 있는 종합데이터 관리가 필요하다.

유연한 도시계획 대전환

더욱 빠르게 변화하는 서울의 도시공간은 이제 경직된 도시계획의 근본적 한계를 직면하고 있다. 일상생활의 디지털 전환과 첨단기술에 따른 주요 산업구조의 급격한 변화가 도시 곳곳에서 감지되는 반면, 물리적 공간을 구축하고 관리하는 도시계획은 변화에 적극적 대응이 어려운 실정이다.

도시의 미래 모습에 대응 절실

과거 산업화 초기에 만들어진 용도지역제는 개발행위가 일어나기 전, 토지의 기능을 선도적으로 규정하는 경직성으로 말미암아 융·복합적인 토지이용 수요와 급변하는 환경에 선제적으로 대응하는 데 한계가 있다.

특히 용도지역 및 중심지 위계별로 최고층수를 명시하여 차별적으로 관리하던 기존의 높이 관리는 경직된 운용으로 다양한 도시경관

창출과 토지의 효율적 이용에 한계를 지니고 있기에 더 유연한 방식으로 전환할 필요가 있다.

서울형 신(新)용도지역 체계 '비욘드 조닝'

개념	계획	관련법
주거·상업·공업·녹지 등으로 나뉜 현행 용도지역제와 달리 지역 특성에 따라 용도를 복합적으로 허용	비욘드 조닝 지정 구역 선정 기준 마련, 서울 시내 2024년 시범사업 대상지 선정	공간혁신구역(도시혁신역, 복합용도구역, 도시계획시설 입체복합구역) 내용 포함된 '국토계획법 일부 개정안' 발의

< 자료 : 서울시 >

'2040서울도시기본계획'에서는 기존 용도지역의 관리 원칙을 준수하면서 미래 수요에 필요한 도시기능을 유연하게 도입하는 새로운 도시관리 방향으로 '비욘드 조닝 서울'(Beyond Zoning 입지규제 최소구역)을 추진하여, 도시공간과 토지의 융·복합적·효율적 활용을 도모한다. 이를 위해, 지역별 특성과 잠재력을 고려하여 법제도 상 허용된 범위 내에서 용도와 밀도를 유연하게 운용한다.

용도지구·구역의 유연한 운영으로 도시의 다양한 모습을 담아낼 수 있는 다기능 복합지역 조성을 계획하자는 것이다. 미래 도시공간 수요에 대응할 수 있도록 용도지구 또는 용도구역 관리의 유연화를 통해 지역 특성을 고려한 용도, 밀도, 건축물 형태 등의 규제 완화를 추진하고, 주거, 업무, 여가 등 다양한 생활을 누릴 수 있는 다기능 복합 지역을 조성한다.

지역 특성을 고려한 도시 차원에서의 정성적 높이 관리 기준을 구축해야 한다. 기존의 일방적이고 일률적인 높이 규제가 아닌 지역의 자연환경과 인구, 교통, 역사, 문화 등 인문학적 특성, 산업과 주변 지역과의 연계성 등 잠재적 특성을 모두 고려한 통합적인 높이 관리를 도모한다.

절대적인 높이 기준 대신 용적률, 건폐율, 높이가 서로 연계되는 입체적 시스템을 구축하여 대상지 특성 및 계획내용에 따라 위원회, 심의 등을 통해 효과적으로 도시경관 관리가 이루어질 수 있도록 한다.

미래형 도시관리체계 연구 추진

미래 변화 및 대도시의 특성을 반영하는 용도지역제의 운영·관리를 위해 유연한 도시계획체계로 전환하는 '서울형 신(新)도시계획체계'를 연구하고, 정부와 협의 및 학계, 전문가, 주민 등 다양한 주체들과 논의를 통해 검토해 나간다.

우리나라의 용도지역제는 용도별, 구역별로 세분돼 있다. 국토의 계획 및 이용에 관한 법률에는 21개 용도지역과 26개 용도지구, 4개 용도구역이 정해져 있고, 군사시설과 문화재 보호구역 등 기타 법규와 조례로 지정된 곳까지 포함하면 용도지역제로 구분된 곳은 무려

700개가 넘는다. 이런 규제는 각 공간을 유기적으로 연결하기 어렵게 만들어 지역별로 격차가 나타나게 된다.

비욘드 조닝은 이런 용도지역제를 통해 획일적으로 부여된 도시 공간의 용도 대신, 다양한 용도를 복합적으로 도입할 수 있도록 자율성을 높이겠다는 새로운 용도지역제다. 용도지역의 경계를 허물고 다용도 복합개발을 허용함으로써 일자리와 주거, 여가, 문화 등 다양한 기능이 혼합된 미래형 공간을 조성하겠다는 것이다. 즉, 빠르게 변화하는 미래도시 서울의 모습을 유연하게 담아낼 수 있는 토지관리 체계가 바로 비욘드 조닝이다.

노후하고 활력이 떨어진 지역에 업무, 산업, 문화, 관광, 교육, 녹지 등 다양한 용도가 혼합된 초고층 복합단지를 건설해 도시개발의 새로운 활로를 찾겠다는 것이 오세훈 시장의 복안이다. 다만, 비욘드 조닝의 실현을 위해서는 현행 국토의 계획 및 이용에 관한 법률 등의 개정과 특례법 제정 등이 필요하다. 바로 도시관리체계가 연구되고 정립해야 할 이유이다.

PART 3

2040 서울매가플랜

부동산 미래 투자전략 10계명

부자의 패러다임으로 생각하라

일요일 아침 뉴욕의 지하철에서 벌어진 일이다. 지하철을 탄 사람들은 조용하게 앉아 눈을 감고 쉬고 있었다. 그런데 어느 순간 중년 남자와 그의 아이들이 지하철에 타면서 순식간에 엉망이 되었다. 아이들이 마구 떠들며 제멋대로 날뛰는 것이었다. 하지만 그 아버지인 중년 남자는 바로 한 남자의 옆에서 두 눈을 감은 채 그런 상황에 대해 전혀 신경을 쓰지 않았다. 주변 승객들이 짜증을 내고 있었지만, 그 중년 남자는 전혀 아이들을 통제하지 않았다. 바로 옆 남자는 더 이상 참을 수 없어서 중년 남자에게 이렇게 이야기했다.

"선생님 아이들이 승객들에게 피해를 주고 있어요. 아이들을 조용하게 할 수는 없나요?"

그제야 남자는 그 상황을 처음으로 인식한 것처럼 눈을 약간 뜨고 다음과 같이 말했다.

"그렇군요. 저도 뭔가 어떻게 해봐야겠다고 생각합니다. 그런데 지금 막 병원에서 오는 길인데, 한 시간 전에 저 아이들의 엄마가 죽었습니다. 저는 앞이 좀 캄캄합니다. 아이들 역시 이 일을 어떻게 해야 할지 막막한 듯합니다."

사물을 바라보는 관점을 바꿔라

위 이야기는 스티븐 코비(Stephen R. Covey)가 쓴 <성공하는 사람들의 7가지 습관>에 나오는 한 에피소드이다. 아내가 사망한 후 아이들과 함께 지하철을 탄 중년 남자는 충격에서 헤어나지 못한 자녀들에게 공공장소에서 차마 잔소리하지 못했다. 옆자리의 남자는 그 상황을 나중에 알고 아이들과 중년 남자를 이해하게 된 것이다.

세상을 살아갈 때 누구든지 관점을 지니고 살아간다. 보통은 자신을 중심으로 관점을 만드는데, 성공적인 삶을 살아가기 위해서는 관점을 바꾸는 것이 필요할 때가 있다. 스티븐 코비는 관점, 즉 패러다임은 '세상을 해석하는 방식'이라고 조언한다. 그는 '사람들이 사물을 보는 방식은 사고하고 행동하는 방식의 근원'이 돼야 한다고 강조하는데 이것이 바로 '패러다임'이고 이것을 바꿔야 성공하는 삶을 살 수 있다고 주장한다.

특히 자본주의 시대에서 돈을 제대로 아는 것은 필요하다. 돈은 악의 근원이 아니다. 오히려 돈이 부족해서 겪는 갖가지 악한 상황들이 넘쳐난다. 자본주의 사회에서 돈이 필요하다면 이는 투자로 가능해진다. 우리가 아무리 발버둥 친다고 해도 자본주의의 사회에 사는 한, 돈의 영향력에서 벗어날 수는 없다.

다만 인생관의 차이에 따라 돈에 집중하는 것을 추구하는 사람도 있고, 살아가는 데 적당한 돈만 벌고 자기 행복을 찾겠다는 사람도 있을 수 있다. 그건 인생관의 차이일 뿐이다.

아카데미 작품상 수상작인 영화 '기생충'에서는 한 주택에 기거하는데도 사람마다 계급이 다르다. 모두 돈을 얼마 가졌느냐에 따라 같은 주택이라도 쾌적한 지상에 살기도 하고, 지하에 살기도 한다. 부자는 저택에서 파티를 하고, 가난한 사람은 반지하에서 와이파이를 찾아 헤맨다.

이러한 빈곤과 이별하기 위해서는 부자의 관점을 장착해야 한다. 부자는 자산을 모으는 사람이다. '지속해서 돈을 벌어주는 시스템을 갖춘 사업체', '월세 등 임대료 수입을 가져다주는 부동산', '주식과 채권', '지식재산권이나 특허권' 등은 자산으로서 돈을 가져다준다. 자산을 지속해서 늘려 가면 경제적인 자유를 누릴 수 있지만, 부채를 지속해서 늘려 가면 노예의 삶을 살게 된다.

상위 1퍼센트 부자의 통찰력

일본 닛케이 BP사의 경제 담당 기자 가야 게이치는 자신이 만난 부자들과의 심층 인터뷰를 통해 상위 1퍼센트의 부자들이 일상생활에서 돈을 어떻게 대하고 투자하는지를 꼼꼼하게 취재하고 기록했다. 그에 따르면 부자들은 돈을 대하는 관점이 다르다고 주장한다.

그는 상위 1퍼센트 부자들은 돈에 대해서 세세하게 계산하기보다는 전체적인 돈의 큰 그림을 그리고 자산과 돈의 흐름에 대해서 큰 줄기를 잡는 통찰력이 뛰어나다고 평한다. 또한 언제라도 투자를 행동으로 옮기는 확실한 준비를 하며 정신적인 영역조차도 경제력에 큰 영향을 준다고 본다.

한 방송에 출연한 성공한 부자는 자신의 투자 성공 에피소드를 들려주었다. 어느 날 그의 아내가 봄에 제습기 하나를 홈쇼핑에서 구매했다. 그런데 제습기의 배송이 너무 지연됐다. 한참을 기다린 끝에 배달원이 왔다. 택배 직원에게 배달이 오래 걸렸다고 불만을 이야기하자, 제습기 주문이 너무 몰려서 그렇다는 것이다.

이 부자는 아내에게 택배 직원의 말을 전해 듣고 눈을 반짝였다.

"요즘 사람들이 제습기를 엄청나게 주문하고 있다고? 그럼 제습기 시장 주가가 곧 오르겠네!"

제습기 배송이 지연되고 있다는 사실은 택배 직원 관점에서 보면 '힘든' 요소이고, 소비자 관점에서는 '불만' 사항이지만, 부자의 관점에서는 '제습기 주가 상승의 신호탄'이 되는 사건이다. 그는 제습기 회사의 주식을 사서 투자에 성공했다.

이 부자는 일상에서 벌어지는 사건을 통해 투자의 기회를 스스로 얻었다. 패러다임을 달리해 투자의 기회를 얻은 것이다.

부동산 투자에서 관점이 중요한 이유

부동산을 보는 관점이 바뀌면 인생이 바뀐다. 이러한 부동산 투자의 승부는 투자자의 안목으로 결정된다. 부동산 투자는 상세하고 치밀한 전략에서 시작해야 한다. 부동산 투자의 의사결정은 하나의 맥으로 통한다. 철저한 위험 분석을 기본으로 도시의 현재와 변화 방향성, 거시경제와 정책의 움직임, 부동산을 사용하고 욕망하는 사람들의 요구와 방향의 변화까지 폭넓게 바라보며 부동산 투자에 대한 새로운 관점을 가져보자.

부동산 투자에 대한 관점이 달라진다면 부동산은 당신의 노후를 자유롭게 해줄 수 있다. 100세 시대가 되면서 종종 '오래 살까 봐 겁난다'고 말하는 사람을 보게 된다. 늘어나는 수명에 맞춰 늙어서까지 경제활동에 매달려야 하는 것이 현실이기 때문이다. 부자에 대한 패러다임을 빨리 바꿀수록 그런 경제적 자유가 빨리 찾아온다.

부동산은
투자 습관이 좌우한다

영국의 저술가인 새뮤얼 스마일즈(Samuel Smiles)는 '자조론(Self-Help)'에서 "생각을 심으면 행동을 낳고, 행동을 심으면 습관을 낳으며, 습관을 심으면 성격을 낳고, 성격을 심으면 운명을 낳는다."라고 말했다. 습관이 한 사람의 운명을 좌우한다는 것이다. 우리의 행동 중 90퍼센트 이상이 습관에서 나온다고 하니, 그렇게 말하는 것도 무리는 아니다. 그래서 습관을 보면 그 사람의 과거와 현재, 그리고 미래를 알 수가 있다.

습관은 특정 상황에서 반복되는 행동 양식이다. 자동으로 반복되는 행위라는 점에서 의도적 반응과 구별되고, 습득된 행위라는 점에서 후천적으로 만들어지는 것이라 할 수 있다. 좋은 습관은 성공과 훌륭한 인격의 밑거름이 되는 반면, 나쁜 습관은 실패의 원인이 된다.

수많은 책에서도 나오지만 성공하는 사람들에게는 공통적인 습관이 있다. 부동산 투자 분야에서도 성공하는 습관이 있다.

토요일마다 다니는 임장활동

서울 종로구에 거주하는 P씨(39)는 20대 시절부터 부동산에 관심을 두기 시작해 전국을 돌면서 투자가치가 있을 만한 부동산을 방문해 직접 보고 배우고 있다. 토요일이 되면 홀로 혹은 아내와 같이 각 지역에 임장을 나가면서 부부 여행도 겸한다. 그런 습관 덕분인지 충북 지역 대학가 근처에 5,000만 원으로 원룸을 매입해 50만 원의 임대료를 받고 있다. 적지 않은 임대수익률이다.

임장(臨場)은 현장에 임한다는 뜻의 일본식 한자어이다. 부동산을 사려고 할 때 직접 해당 지역에 가서 탐방하는 것을 말하며, 발품 판다는 것과 같은 뜻이다. 토요일마다 발품 팔며 현장을 다니는 습관이 결국 좋은 부동산 투자로 이어진 사례이다.

가령 당신에게 3,000만 원의 종잣돈이 있다고 가정해 보자. 이 3,000만 원을 당신의 예금계좌에 정기예금으로 저축할 수도 있고, 대한민국에서 가장 대표되는 주식을 사서 1년 배당금을 받고 투자 수익을 얻을 수도 있다. 아니면 이 3,000만 원의 돈으로 적절한 부동산 투자를 고민해 볼 수도 있다. 그게 전부는 아니다. 이 3,000만 원으로 현물 금을 사서 집안의 장롱 깊숙한 곳에 숨겨 놓을 수도 있다.

이처럼 당신의 평소 가진 생각, 행동 패턴, 가족관계에서 투자 습관이 만들어지고, 그 습관에 따라 결과도 다양하게 펼쳐질 수 있는 것이다.

올바른 투자 습관 만들기

투자 습관은 하루아침에 만들어지지 않을 테니 지금부터 하나씩이라도 행동으로 옮겨보면 어떨까.

<u>1단계는 자신의 자산을 파악하는 일이다.</u>

자산은 현금이나 주식 등의 금융자산과 부동산 자산으로 구성돼 있다. 어디에 얼마나 자산이 분포되어 있는지 표나 그림으로 그려서 눈으로 직접 확인하는 것이 투자의 시작이라고 보면 된다.

당신은 자신의 자산을 언제 어디서나 한눈에 파악할 수 있도록 구조를 갖추고 있는가? 스마트폰 뱅킹이나 통합금융앱 등을 통해 수입과 지출에 대해서도 바로바로 알아야 자신의 수입을 위해서, 혹은 절약을 위해서 빠르게 몸을 움직일 수 있다.

본인의 수입과 지출에 대해 깜깜히 모르는 유명 연예인들의 이야기가 방송에 종종 등장한다. 생각보다 주변에도 그런 이들이 많이 있다. 그런 사람일수록 대개 충동적인 소비패턴을 보이기도 하고 주식투자와 부동산 투자에 있어서도 일회적인 투자 형태를 띠기도 한다.

<u>2단계는 자산을 견제할 시스템을 갖추는 일이다.</u>

시스템을 만들면 그것이 습관으로 자리잡게 된다고 했다. 조금씩이라도 저축하도록 월급 계좌에서 저축 계좌로 자동이체를 설정해 놓는 것이다. 처음에는 생활비가 줄어 고통스럽지만 결국에는 예산에 맞춰 적응하게 된다. 그러면 월급날마다 반복해서 저축하는 데 성공할

수 있다. 본인이 만든 자동이체가 자산이 줄어드는 것에 견제력을 발휘한 셈이다.

또, 부부가 공통통장을 만들고 체크카드를 사용하고 입출금 알림을 동시에 받도록 하면 자산에 견제력이 생긴다. 배우자 중 그 누구 한 명도 아무런 명분 없이 돈을 마구 쓰지는 못할 것이다.

3단계는 신호를 감지하는 것이다.

필자는 예금계좌가 몇 개 있는데, 월세가 들어오는 계좌는 투자증권의 CMA 계좌를 사용한다. 이 계좌는 월세만 입금되는데, 이 계좌의 특징이 10만 원이 있다고 해도 하루치 이자가 적립되는 장점이 있다. 그러면 난 부동산 월세의 하루 이자 증가치를 확인할 수 있고, 이는 부동산 투자의 장점에 대한 실질적인 피드백을 느낄 수 있어서 매우 유의미한 일이 되곤 한다. 이런 작은 신호를 늘상 감지하는 투자습관이 필요하다.

운전하면서 때로 주변의 풍경이나 동네 모습을 구경하거나 무심히 방송을 듣다가 신호를 보지 못할 때가 있다. 순간순간 집중하지 않으면 신호를 놓쳐 큰 사고를 유발할 수 있다. 얼마 전 직장 근처 식당에서 점심을 먹는데, 바닥을 치던 비트코인이 3년 만에 최고점을 찍었다는 뉴스를 보았다. 난 그 즉시 스마트폰의 암호화폐 앱을 열고 갖고 있던 가상화폐를 전액 찾아 수익을 남긴 경험이 있다. 뉴스를 본 순간, 그 신호를 놓치지 않았고 인출로 이어지는 데 5분이 채 안 걸렸다.

4단계는 투자의 행동에 보상을 긴밀하게 연결하는 것이다.

금융투자든 부동산 투자든 투자의 성과가 나오면 어느 정도 스스로 혹은 가족들에게 보상해주면 좋다. 투자해서 수익이 나면 가족여행을 계획해 볼 수 있다.

열심히 투자해서 얻은 일부의 금액으로 코타키나발루에 가서 가족들과 함께 아름다운 일몰 광경을 보는 상상을 해보자. 얼마나 좋겠는가? 다시 한번 부동산이든 주식이든 열심히 공부해볼 마음이 생길 것이다.

5단계는 위의 투자 습관을 꾸준하게 반복하는 일이다.

자신의 계좌를 쉽게 들여다보고 부부 사이에 자산관리에 적절한 견제력을 갖고 있다면 늘 신호에 민감한 생활이 될 수 있다. 또한 열심히 움직이는 투자 습관에 적절한 보상을 준다면 우리는 좋은 투자 습관을 갖고 경제적인 자유를 앞당길 수 있다고 본다.

몸에 익힌 투자 습관으로 하루하루 충실하게 나아가는 것이 투자의 성공으로 이끌어 줄 것이다.

자산투자의 쌍두마차를 끌어라

부동산 투자에서 인문학은 매우 중요한 영역이다. 구독자 40만 명이 넘는 경제 유튜브 '전인구경제연구소'를 운영하는 전인구 소장은 '인문학적 투자법'을 강조한다. 그의 책 <주식의 심리>에서도 엿볼 수 있듯, 역사, 예술, 철학, 지리, 영화, 여행, 스포츠, 심리 등 과거의 인물과 사건으로부터 새로운 투자 접근법을 배운다는 지론을 갖고 있다.

인문학과 실용 학문을 끌어야

부동산 투자 공부는 끊임없이 깊게 파고들어야 한다. 인문학과 실용 학문이라는 쌍두마차를 끌어야 한다고 본다. 인문학은 궁극적으로 사람을 이해하는 학문이다. 사람을 알고 인생을 알아야 필요한 것을 상상하고 예측할 수 있다. 경제, 경영 등의 실용 학문은 구체적으로 분석하고 체계적으로 방법을 찾아나갈 수 있게 해준다. 인문학과 실용 학문으로 기초를 닦으면 실무 투자에서 요긴하게 쓸 것이다.

건강한 육체도 중요하다. 평소 음식이나 운동을 통해 건강한 신체를 단련해야 한다. 수영이든, 달리기든, 배드민턴이든, 등산이든 자신에게 맞는 운동을 선택해 평생 사랑하면 좋다. 물론 하나가 아닌 복수로 사랑해도 괜찮다. 노년에는 당연히 각종 질환이 뒤따른다. 40대부터 정기검진을 필수로 하며 자기 몸은 스스로 관리해야 한다.

부동산은 현재도 중요하지만, 미래의 가치가 더 중요한 영역이다. 누구든지 부동산을 사려는 사람은 향후 매매차익이나 가치를 기대하기 때문이다. 이 미래를 보는 안목이 통찰력이다. 정치, 문화, 사회에 대한 깊이 있는 지혜가 필요하다. 이제 준비됐는가? 인문학과 실용 학문의 말을 타고 부동산 투자의 벌판을 달려보자.

월스트리트는 철학, 인문학, 심리학 등이 강해

투자의 메카 미국 월스트리트에는 경제학을 전공하지 않은 투자 고수들이 즐비하다. 그들의 학창 시절 전공을 보면 철학, 인문학, 심리학, 심지어 미술사를 전공한 이도 있었다.

마젤란 펀드로 유명한 피터 린치(Peter Lynch)는 정치학과 심리학을 전공했다. 그는 엄청난 독서광이었으며 '투자 행위는 가장 똑똑한 경제학자조차 바보로 만든다.'라고 말했고, 전설적인 투자자 앙드레 코스톨라니(André Kostolany)는 '투자는 과학이 아닌 예술' 그 자체라고 했다.

'영적인 투자가'로 추앙받는 존 템플턴 경(Sir John Templeton) 역시 경제학을 전공하긴 했지만, 그보다는 철학과 종교에 더 많은 관심을 가졌다. 이외에도 영국의 저널리스트 리처드 스틸은 '독서가 정신에 미치는 효과는 운동이 신체에 미치는 효과와 같다'고 비유했다.

투자하다 보면 마음이 흔들리고 한없이 약해지는 순간을 반드시 경험하게 된다. 투자 심리가 이리저리 갈대처럼 흔들릴 때 그것을 다 잡아주는 것이 바로 독서다. 주식투자의 대가들이 인문학을 강조하는 것은 우연이 아니다.

<투자자의 인문학 서재>의 저자 서준식 교수는 유수한 세월 동안 '돈'을 둘러싸고 흥망성쇠를 거듭해온 인류사의 중요한 순간들을 되짚으며, 다시금 올바른 투자란 무엇인지에 대한 답을 찾아간다. 서 교수는 "투자론은 모든 이들이 알아야 하는 상식 범위의 인문학이 되어야 한다."라며 "보다 성공적인 투자를 위해 우리는 수많은 역사적 사회현상을 '경제', '돈'의 관점에서 관찰하고 해석하는 습관을 지닐 필요가 있다."고 이야기한다.

필자는 많은 부동산 초보 투자자들을 만난다. 주로 유튜브나 부동산 강의를 듣고 투자하다가 별 재미를 보지 못한 사람들이다. 나는 이런 사람들에게 부동산 관련 책 제목을 먼저 알려준다. 투자를 하기 전에 책부터 사서 보라는 것이다.

최소한 수개월 동안 부동산 투자 기초 지식을 모두 읽고 나서 어느 정도 마음의 준비가 된 상태에서 부동산 투자를 시작해도 늦지 않다.

독서가 맺어준 성공투자와의 인연

실제로 우리 회사 회원 중 한 명은 한 권의 책 때문에 부동산 투자에서 새로운 길을 찾았다. 그 회원이 군대에 복무하던 어느 날, 불침번을 서다가 같은 소대의 후임자가 보고 있는 책을 뒤에서 우연히 보았다. 무엇인가 크게 이끌렸던 회원은 후임자에게 그 책을 빌려서 끝까지 모두 읽고 제대 후 우리 회사를 찾아왔다.

그가 우연히 본 책이 바로 필자의 전작인 <100세 시대 부동산 은퇴설계>이다. 어렸을 때부터 부동산 투자에 관심이 있던 그는 필자와 부동산 투자 공부에 새롭게 임했다. 지금은 한창 성공적인 투자자의 길로 들어섰고, 미니 건물주가 되어 있다. 독서가 맺어준 인연이다.

월스트리트 역사상 가장 성공한 투자자 중 한 명인 제시 리버모어(Jesse Livermore)는 최종학력이 초등학교 중퇴에 불과했다. 하지만 그는 책을 게걸스럽게 먹어 치운다는 소리를 들을 정도로 독서광이었다. 그는 <주식매매 하는 법>이라는 책에서 '자신을 평생 주식시장에 대해 배워가는 학생'이라 부르기도 했다.

투자비법보다는 철학을 우선시하길 권한다. 재테크 비법을 알려준다는 책보다는 인문 고전들을 가까이하면서 자신만의 투자철학을 정립할 수 있다면 아마 더 빨리 부자가 되는 길로 들어서게 될 것이다. 인문학이 투자다.

매월 내는 이자를
겁먹지 말라

은행원 J씨는 20대 시절부터 부동산 투자에 대출을 적절하게 활용했다. 군 제대 후 대학 졸업을 앞둔 2000년대 초, 그의 아버지는 취업 준비생이던 J씨를 조용히 불러 마지막 용돈 5,000만 원을 주었다. 아버지는 이후 어떤 용도로도 추가 자금을 지원해 주지 않을 것임을 분명히 한 채 이 돈을 주었다. J씨는 이때 이 돈을 굴려 더 큰 목돈을 만들어야겠다는 결심으로 부동산 투자를 시작했다.

먼저 서울 지역의 아파트 시세를 조사한 후 처음 투자한 것이 잠실주공 1단지 아파트였다. 그는 전세를 끼고 이 아파트를 샀다가 3년간 보유한 후 2.5배 수익을 남기고 되팔았다. 3년 만에 큰돈을 번 것이다. 그 이후에도 주로 아파트를 사고 팔아 시세차익을 남겼는데, 이때마다 적절하게 대출을 활용했다.

일찍부터 부동산 투자를 하다 보니 투자금이 늘 넉넉하지는 않았지만 은행원이라는 점이 매우 유리하게 작용했다. 일단 금융을 잘 아니 부동산 투자에도 자신감이 생겼던 것이다.

대출이라는 단어를 들으면 무조건 거부감을 나타내는 사람들이 있다. 그 사람들은 투자에서 또 하나의 무기를 버리는 우를 범하는 것이다. 대출은 어떻게 활용하느냐에 따라 투자에서 큰 힘으로 작용할 수 있다. 매월 이자를 두려워하지 마라.

쉽게 배우는 LTV와 DTI

부동산 투자에서 대출은 지렛대로써 이용하면 순기능을 하지만 동전의 양면처럼 늘 위험 요소를 갖고 있다. 투자자들의 현명한 대출 활용 전략이 필요하다. 정부는 늘어나는 가계부채에 따른 부담감으로 대출을 규제하는 정책을 펴고 있다.

구체적으로 살펴보자. LTV(Loan to Value Ratio)란 집을 담보로 얼마까지 돈을 빌릴 수 있는가를 말한다. 가령 당국이 'LTV가 50퍼센트'라고 한다면, 10억 원의 주택을 살 때 10억 원의 50퍼센트인 5억 원까지만 은행에서 대출을 받을 수 있다는 뜻이다.

LTV에서 한 발 더 나간 대출 규제가 DTI(Debt to Income)다. DTI는 '1년 소득 중에서 주택담보대출을 갚기 위해 1년간 내는 원금과 이자를 더해 다른 부채로 인해 1년간 내는 이자의 비율'을 뜻한다. 가령 내 연봉이 1억 원이고 DTI가 60퍼센트라고 한다면, 1년간 주택담보대출을 받을 때 내는 원금과 이자, 그리고 현재 가진 기타 대출로 내는 이자의 합이 6,000만 원을 넘지 않는 선까지 주택담보대출을 받을 수 있다는 뜻이다.

더 쉽게 이해해 보자. 연 소득이 1억 원인 C씨가 10억 원짜리 주택을 사려 하고, 현재 주택담보대출(이하 주담대)의 이자가 4퍼센트, LTV는 50퍼센트, DTI가 60퍼센트라고 치자. LTV에 따라 5억 원을 30년 만기 고정금리로 대출받을 수 있고, 이에 따라 1년에 내는 원금과 이자는 3,454만 원이 된다. DTI 상한인 6,000만 원보다 적기 때문에 주담대 5억 원을 받는 데 제한이 없다.

만약 C씨가 마이너스 통장 대출이나 신용대출 등이 있다면 DTI에서 이 부분을 고려해야 한다. C씨가 1억 원의 신용대출이 있고 이자가 8퍼센트라고 해보자. 그럼 DTI에서 고려해야 하는 부채는 주담대로 인한 3,454만 원에 1억 원의 신용대출로 내는 이자 800만 원이 합쳐져 연 4,254만 원이 된다. 다행히 DTI 상한인 6,000만원 아래이기 때문에 5억 원의 주담대를 받는 데 문제가 없다.

레버리지 투자는 부동산 경기를 고려해야

레버리지(leverage)는 지렛대라는 의미로 금융계에선 '차입'을 뜻한다. 특히 차입 투자는 경기가 호황일 때 할 수 있는 효과적인 투자법이다. 만일 부동산 시장이 한창 상승 국면이라면 차입을 활용해 적극적인 대출 전략을 사용할 수 있다. 반면 부동산 경기가 안 좋을 때의 대출 전략은 소극적으로 나갈 수밖에 없다.

실제로 무조건 대출을 꺼리는 경우나, 반대로 극도로 대출을 선호하는 경우 모두 바람직한 투자 방식은 아니다. 특히 과도한 대출의 경우 만약 기대한 부동산의 임대수익이 잘 풀리지 않는다면 대출 이자의 부담으로 매우 힘들어지는 상황이 초래된다.

일본에서는 1990년대, 잃어버린 10년 동안 부동산 가격이 내려가면서 '대차대조표 갭'이라는 말이 유행했다. 부동산 버블이 꺼지면서 집값은 하락하는데 집을 담보로 대출받은 부채는 줄지 않아 자산보다 부채가 많아지는 기이한 현상이 일어났기 때문이다. 우리나라에서도 집을 가졌지만, 빚더미에 오르는 이른바 하우스푸어라는 용어가 그리 낯설지 않은 세상이다. 대출받을 때는 상환능력을 고려해야 한다. 우리나라 부채 구조의 경우 원금을 갚는 대출 비중이 좀 낮은 편이라는 통계가 있다. 이렇게 중도에 원금을 갚아나가는 구조가 아니라면 대출자들은 자신이 감당할 수 있는 능력보다 더 많은 부채를 진다. 즉 위험한 상황에 노출될 수 있다.

부동산 경매 시장을 들여다보자. 꽤 많은 경매 물건들이 은행의 대출 이자 부담을 못 이기고 나온 것들이다. 그만큼 대출의 심각성은 무섭다. 2024년 들어서서 아파트를 스스로 처분하지 못하고 대출 이자를 갚지 못해 채권자인 금융사 등이 강제로 집을 경매로 내놓는 '임의경매'가 급증하고 있다. 대출은 양날의 검이다. 수익의 검이 될지, 경매 폭탄을 맞을지는 효과적인 투자전략 유무에 달려 있다.

특히 50대 이상 가구의 경우 자산 중 집이 차지하는 비중이 크다. 따라서 이 주택에 딸린 주택담보대출을 줄이는 것이 중요하다. 주택연금 역시 대출 잔액이 크거나 전세보증금이 있다면 가입이 힘들어지므로 부채 상환은 필수라 하겠다. 그러므로 은퇴를 앞두고는 부채가 있는 큰 집을 떠안고 가기보다는 규모가 작은 집으로 이주해 부채를 상환하고 일부의 현금을 확보하는 것이 유리한 전략이다.

현명한 대출 방법 알아보기

▌대출 거치기간을 늘리자.

요즘 같은 고물가 시대에는 시간이 지날수록 화폐가치가 떨어지기 때문에 채무 기간을 연장하는 것이 부담을 더는 방법이다. 하지만 금리와 물가상승률은 변동성이 높아서 신중하게 생각해야 한다.

은행을 한 군데로 정해놓고 이용하면서 은행 실적을 쌓는 것도 좋다. 해당 은행의 거래 실적이 높아지면, 대출금이 상향될 수 있기 때문에 금리 조정이 가능해진다. 이자 부담을 줄이는 방법으로 대출 갈아타기를 시도할 수도 있다. 소득공제를 받을 수 있는 고정금리 장기대출이나 공무원의 경우는 공무원 VIP 우대 대출을 활용할 수도 있다.

▌다양한 대출 방법을 조사하자.

주택금융 공사에서 제공하는 장기 고정금리·분할 상환 주택담보대출인 보금자리론이 있다. 대한민국 국민으로 무주택자나 1주택자는 신청할 수 있으며 신청 한도는 주택담보 가치의 최대 70퍼센트까지

다. 대출 기간은 10년, 15년, 20년, 30년이다.

다만 기준 요건은 부부합산 기준으로 연 소득 7,000만 원 이하면 이용할 수 있다. 또한 연 소득 6,000만 원 이하의 취약계층(한 부모·장애인·다문화·다자녀가구)은 각각 0.4퍼센트 금리우대 혜택을 받을 수 있다.

이외에 은행 일반모기지론을 15년 이상으로 대출받으면 소득공제를 받을 수 있는데, 소득공제를 받으려면 근로자에 한해 국민주택 규모의 주택이어야 하고 기준시가 3억 원 이하인 주택만 해당한다. 아울러 1주택을 가진 가구주만 해당한다. 소득공제를 받으려면 아파트 한 채는 정리해야 한다.

■ 부채 상환 순서를 결정하자.

한 가정의 예를 들어보면, 공무원 대출과 예금 대출 그리고 아파트 대출, 기타 부채와 아파트 월세 보증금이 있을 경우이다. 연금과 예금 담보대출부터 상환하고, 아파트 담보대출은 그 이후에 한다. 이유는 아파트 담보대출은 대개 금리 연동형이다.

그리고 3년 이내에 중도 상환하면 대출액의 0.5퍼센트에서 1.5퍼센트 수수료를 내는 경우가 많다. 따라서 무조건 원금을 갚기보다는 중도 상환 수수료로 지출되는 금액과 대출 이자로 지출되는 금액의 차이를 잘 따져보고, 손실이 적은 쪽을 택하는 것이 바람직하다.

소액이라도
실행을 중시하라

EG 소호오피스 이선미 대표는 30대 중반 남편과 이혼한 후 어린 두 자녀의 생계를 책임져야 했는데 그만 암을 진단받았다. 그런데 암보다 아이들이랑 먹고사는 게 더 중요하다고 생각한 그녀가 선택한 실행은 '부동산 경매'였다.

이 대표는 대전의 한 빌라를 6,000여만 원에 첫 낙찰 받았다. 무턱대고 시작한다는 개념보다는 일단은 현장에 나가서 직접 관찰하겠다는 생각이었다. 많은 사람이 실행에 겁을 내는데 이 대표는 실행하지 않으면 한낱 이론에 불과하고 아무 변화도 없다는 마음으로 행동에 옮겼다. '인생 뭐 있어? 그냥 해보는 거야. 아니면 말고.'가 그녀의 지론이었다.

결국 이 대표는 경매 시작 2년 만에 주택 30채를 낙찰받으며 큰 성과를 거두었다. 또한 각종 방송 프로그램에 출연하는 등 경매 분야에서 유명인으로 이름이 알려졌다. 힘든 시절을 겪어 본 그녀는 현재, 소외되고 어려운 이웃들을 지속해서 돕고 과거의 그녀와 비슷한 처지에 있는 수많은 사람을 부자로 성장시키며 긍정적인 멘토 역할을 하고 있다.

'시작이 반이다.'라는 문구가 실전에서 빛을 볼 수 있는 분야가 부동산 투자 분야다. 소액이라도 실전에 나서면 부동산 투자 감각을 익히게 되고 유용한 경험이 좋은 결실을 가져온다.

손품, 입품, 발품을 팔아라

현장 조사의 팁은 '손품', '입품', '발품'을 파는 것이다. 현장에 가기 전에 사전 조사 단계를 '손품'이라고 한다. 지도를 보면서 지역을 분석한다. 네이버 부동산 등에서 매물을 살펴보며 손품을 판다. 관심 지역 관심 매물의 호가, 면적, 준공일, 지하철과 거리, 주변 환경 등을 표시한다. 그런 다음 확인 매물을 일자순, 가격순으로 검색해 급매를 찾아본다. 굿옥션 경매지의 낙찰가도 확인한다. 낙찰가는 이해 관계자의 낙찰가가 아닌 경우 보통 급매가라고 할 수 있다.

관심 지역에 현장 조사를 나가기 전에 부동산 중개업소에 전화를 걸어 사전 조사를 한다. 전화 임장 즉 '입품'이다. 나만의 노하우라면 전화 임장할 때는 휴대전화기 투넘버 서비스를 이용하거나 휴대전화기를 하나 더 준비한다. 왜냐하면 내가 전화 통화를 한 부동산 중개업소나 관련 업체 전화번호가 다 카톡 친구로 등록되고 광고 메시지까지 오면 일과 사생활을 분리하기가 어렵기 때문이다. 입품을 많이 파는 사람에게 휴대전화기 투넘버 서비스는 필수다. 부동산 중개업소 전화번호는 네이버부동산 또는 통계청 사이트에서 찾을 수 있다.

많은 중개업소 중 '물건지 부동산'과 '손님 부동산'을 찾아서 연락

한다. 아파트 입구 쪽에 있는 부동산을 일명 '물건지 부동산'이라고 하는데 매도할 물건을 가장 많이 가지고 있다. 그리고 처음 그 지역에 갔을 때 한눈에 보이는 곳에 있는 부동산, 즉 지하철역에서 나와서 아파트 쪽으로 가다 보니 눈에 들어오는 부동산을 일명 '손님 부동산'이라고 한다.

직접 중개업소에 찾아가 '발품'을 팔 땐 매수 의사가 확실한 것처럼 행동해야 한다. 부동산 공부 차원이나 시세 조사 차원에서 찾는 방문객을 환영할 중개업소는 없다. 이후에 수시로 전화나 문자메시지로 매수 의사를 표현하는 것도 좋다.

이렇게 현장 조사에서 '손품', '입품', '발품'을 파는 구체적인 실행이 중요한 것이다.

소액 투자에서 경험을 배운다

그동안 부동산 투자 현장에서 만난 성공적인 투자자는 소액이라도 실행이 앞서는 모습을 보였다. 교사였던 K씨(43)는 직장인으로서 돈을 모아서는 경제적인 자유를 얻기가 불가능하다고 생각하였다. 또한 관료적인 교사 생활에 매우 답답함을 느꼈다.

그녀는 현실을 자각하고 5,000만 원의 종잣돈을 마련했다. 크지 않은 금액이었지만 대출을 받아 서울 노원구에 실거주 아파트 한 채를 장만했다. 이 아파트 한 채를 매매하며 자신감을 얻은 K씨는 아파트

5채를 장만하기에 이른다. 출발은 실거주 아파트 한 채가 시작이었지만 부동산 투자를 해나가면서 투자의 기술이 더 많이 쌓였다.

가정주부였던 Y씨(48)는 대출받더라도 자신이 감당할 수 있는 수준에서 해야 한다고 강조한다. 그래서 그녀는 경매나 급매를 권한다. 대출이라는 부담을 갖더라도 소액을 받아 감당할 수 있는 여건을 만들어 직접 투자에 나서보라고 권한다. 이러한 소액 투자를 통해 Y씨는 부동산 투자를 실질적으로 배우며 익혔다. 점점 투자 규모가 늘어난 Y씨는 2014년부터 부동산의 대세 상승기에 꽤 많은 수익을 올릴 수 있었다. 처음 소액 대출로 출발해 부동산 투자의 중견으로 커 나가서, 이제 부동산 투자에 대한 강연도 하는 중이다.

당신의 MBTI 여부는 상관없다. 당신이 내성적이고 집안에서 혼자 있는 것을 좋아한다면 집 컴퓨터를 이용해서 더 많은 자료를 찾고 분석해서 작은 것 하나라도 실제 투자에 나서면 작은 승리를 통해 더 큰 자신감을 얻을 것이다.

강을 건너지 않으면 건너다 죽을 일은 없다. 하지만 강을 건너서 생기는 행복은 절대 오지 않는다. 당신은 지금 이 상태로 살다가 허망한 노년을 맞이할 뿐이다. 지금의 작은 투자가 평생을 좌우한다.

재개발·재건축 투자설계도를 그려라

서울시의 경우 노후도가 상당하기에 재개발·재건축의 영역이 매우 많다. 노후도가 심한 서울 내 한 자치구가 있다고 가정해 보자. 아마도 이 구역은 기본계획이 수립되어 있을 가능성이 크다. 만일 그렇지 않다면 재개발·재건축은 아주 오래 걸릴 확률이 높다. 재개발·재건축은 사업 준비와 사업 시행, 사업 완료 단계별로 절차가 진행된다. 단계별로 투자의 타이밍이 다르다. 어느 단계에서 투자할 것인지를 잘 설계해야 한다.

재개발·재건축의 설계도 중요

당신이 재개발·재건축의 투자를 원한다면 이러한 기본계획이 수립되었는지를 먼저 확인해 봐야 한다. 특히 요즘은 '모아주택'과 같은 소규모 재개발사업도 활발하게 진행 중이다.

　▲2~3개 필지 단위로 진행하는 자율주택 정비사업, ▲가로구역에서 개발이 필요한 경우 가로주택정비 사업, ▲소규모의 역세권, 준공업지역 등을 개발하기 위한 소규모 재개발사업이 있고, ▲낡은 연립주

택 등 200세대 미만 공동주택에 아파트를 건축하는 소규모 재건축이 있다.

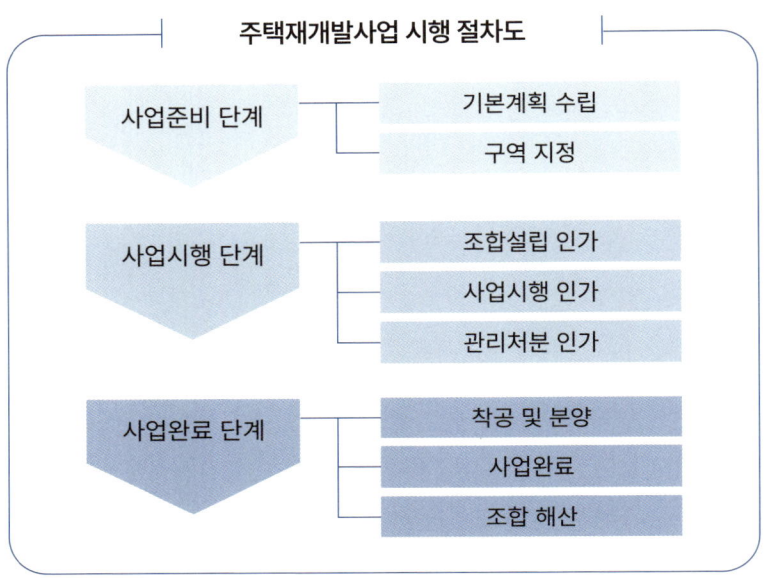

재개발·재건축에 투자하기 위한 설계도를 짤 때는 물리적인 시간이 필요하다는 것을 인지해야 한다. 절차가 즐비하기 때문에 장기사업이다. 사업준비 단계에서는 구역도 지정돼야 하고, 구역 지정이 되고 나서도 준공까지 15년 내외의 시간이 걸린다. 조합설립인가를 받으면 준공까지 10년 내외가 소요되는데 이마저도 조합원 간의 내홍, 조합의 비리, 부동산 시장의 변화 등으로 늦어지는 경우도 많다.

단계를 거칠 때마다 부동산 가격도 들썩인다. 이에 재개발 각 단계의 특징을 이해하고 특정 단계 이후에 진입하면, 안정적인 투자를 할 수 있다.

주의해야 할 재개발·재건축 투자

재개발·재건축 사업 투자 때 가장 중요한 요소는 '집이 가진 땅의 면적'을 뜻하는 대지 지분이다. 대지 지분이 크면 기존 자산가치를 높게 평가받을 수 있어 추가 분담금(입주 때 추가로 내는 돈)을 줄일 수 있다. 아파트의 면적당 가격이 아니라 대지 지분의 면적당 가격이 낮은 물건을 찾는 것이 가장 유리하다. 5층짜리 아파트에서 같은 면적인데 1층이 7억 5,000만 원, 4층이 8억 원이라면 재건축 투자에서는 7억 5,000만 원짜리 1층 가구를 사는 것이 낫다. 재건축의 경우 1층이나 4층이나 대지 지분은 같기 때문이다.

용적률과 가구 수도 따져봐야 한다. 대단지 재건축 아파트일수록 편의시설이 잘 갖춰지기 때문에 향후 가격이 오를 가능성이 크다. 재개발·재건축 투자 성공의 핵심은 '사업 속도'이다. 사업이 늦어지면 금융비용이 늘어나 조합원 분담금이 증가한다. 호황기에는 사업이 지체돼도 부동산 가격이 올라 손실이 적었지만 2024년 현재는 바로 앞을 내다볼 수 없는 시장이어서 사업이 지체돼 발생하는 금융비용을 시세 차익으로 메울 수 없다.

재정비 사업이 지연되는 가장 큰 이유는 조합원 간 이견 및 분쟁, 사업 인허가를 둘러싼 지방자치단체와의 갈등이다. 단지 주민들의 재건축 의지가 높고 조합 내 분쟁이 없는 지역을 선택해야 하는 이유다.

사업 속도가 수익률을 좌우하는 만큼 직접 발로 뛰며 조합과 지역 분위기를 파악해야 한다. 중개업소나 조합의 이야기만 듣기보다는 단지 내에 있는 부녀회, 노인회, 지역 내 미용실 등에서 얻는 정보가 더 정확하다. 온라인 커뮤니티와 SNS에서 지역 분위기에 대한 주민들의 솔직한 글을 검색해보는 것도 방법이다. 사업 여부에 따른 상세한 내용을 검토해 보자.

사업준비 단계

✓ 기본계획 수립

기본계획 수립 단계에서는 기본계획서를 작성한다. 도시·주거환경정비기본계획은 인구 50만 명 이상의 특별시장, 광역시장, 시장이 10년 단위로 기본계획을 수립한다. 이때 시장은 5년마다 타당성 여부를 검토하고 이 결과를 기본계획에 반영해야 한다.

해당 내용을 주민에게 14일 이상 공람하고 주민 의견을 수렴한다. 지방의회의 의견도 수렴한 뒤 각 지방도시계획위원회에서 심의를 받는다. 이렇게 수립된 계획은 각 지역 시장이 지방자치단체를 통해 고시해야 한다. 이때 '정비구역으로 지정할 예정인 구역의 개략적 범위'에 포함이 돼야 한다.

✓ 정비구역의 지정

시·군·구에서 정비계획 수립 시 예정해 놓았던 정비구역을 실제 확정하는 단계다. 구역 지정이 확정되면 신축, 증축, 용도변경 등의 행위 제한이 뒤따른다. 그러나 유지·보수를 위한 간단한 수선은 가능하다.

✓ 행위 제한 등 (도시 및 주거환경정비법 제5조)

정비구역 안에서 건축물의 건축, 공작물의 설치, 토지의 형질변경, 토지의 채취, 토지분할, 물건을 쌓아 놓는 행위를 하고자 하는 자는 시장·군수의 허가를 받아야 한다. 허가받은 사항을 변경하고자 하는 때에도 같다.

✓ 허가받지 않고 할 수 있는 행위

- 재해복구 또는 재난 수습에 필요한 응급조치를 위해 하는 행위는 허가받지 않아도 된다.
- 정비구역의 지정 및 고시 당시 이미 관계 법령에 따라 행위 허가를 받았거나 허가받을 필요가 없는 행위에 관해 그 공사 또는 사업에 착수한 자는 시장·군수에게 신고한 후 이를 계속 시행할 수 있다.
- 일반적으로 구역 지정 이후 신축·증축 등의 경우에는 구청의 허가를 받아야 하나 통상 조합의 허가를 받는다.
- 구역 지정 공고 이전에 전입된 세입자에게는 '주거 이전비'를 지급한다.
- 구역 지정이 중요한 역할을 하는 이유는 지분쪼개기(조합원의 숫자를 늘리는 행위)가 이때부터 불가하다는 점이다.

구역 지정 후 지분쪼개기를 했을 경우 현금청산 대상이 되며, 분양 자격을 박탈당한다.

> **투자포인트**
>
> 이 시기는 투자의 관심을 갖는 기간이라고 본다. 서울지역의 경우 모든 지역이 기본계획수립을 거친 상태이므로 해당 투자지역의 현재 단계를 파악하면 좋다.

사업시행 단계

✓ 추진위원회 구성

정비구역으로 지정되면 추진위원회를 구성하고 조합설립 절차에 들어가야 한다. 토지소유자 명부 및 토지소유자 과반의 동의서를 마련해 5인 이상의 위원으로 추진위를 설립한다. 추진위원회는 정비사업자 선정, 조합 정관 초안 작성 등을 담당한다. 조합 정관은 조합 운영에 필요한 기본적인 규칙이 담긴 문서다. 사업자 선정 기준 등이 담겨있다.

추진위원회가 많은 권한을 가지기 때문에 이 단계에서 분쟁이 많이 일어난다. 특히 정비사업자 선정 단계에서 위원회와 위원회 반대파가 부딪히는 경우가 많다. 위원회 반대파 쪽은 자신이 원하는 사업자를 내세우려 하거나 조합 정관에 반대하며 위원회 교체를 요구하는 경우도 있다.

✓ 재건축 안전진단

안전진단 단계에서는 토지 등 소유자나 추진위원회가 안전진단 신청서를 작성하고 구비서류를 첨부해 시장·군수에게 제출한다. 구비서류는 사업지역 및 주변지역 여건을 살필 수 있는 현황도 및 건축물 결함 부위 사진 등이다. 구청에서 설계기준 및 현재 상태, 구조안정성, 건축 마감 및 설비 노후 상태, 주거환경을 평가한다. 이상이 있으면 한국시설안전기술공단, 한국건설기술연구원 등을 안전진단 기관으로 지정해 정밀 진단을 실시한다. 이때 평가등급이 D등급이 나오면 재건축 사업을 시행할 수 있다.

안전진단 단계는 시간이 오래 걸리는 단계 중 하나다. 기본적으로 구청에서 검사를 진행한 후 정밀 검사까지 받기 때문이다. 이 단계를 거친 후에는 나머지 단계 진행이 비교적 쉬운 편이다. 다만 조합원 간 갈등과 시행사와 조합 사이의 이권 분쟁이 많아지면 완료 시기까지 시간이 더 걸릴 수 있다.

✓ 조합설립인가

추진위가 지역 구청에 조합설립인가를 신청한다. 이때 정비구역 내 공동주택의 동별로 구분소유자 3분의 2 이상의 동의 및 토지면적 절반 이상의 구분소유자 동의가 필요하다. 구분소유자는 해당 건물 및 토지를 나눠서 가진 주체를 뜻한다.

이외에도 주택단지 내 전체 구분소유자 4분의 3 이상과 토지 면적의 4분의 3 이상의 토지소유자 동의까지 얻은 후 인가 신청을 할 수 있다. 구비서류는 조합 정관, 조합원 명부, 토지소유자 등의 설립동의서 및 동의 사항 증명 서류 등이다.

> **투자포인트**
>
> 조합이 설립 되기 직전이 초기 투자자에게는 매수 타이밍이다. 입지가 좋은 구역의 재개발 투자도 이 단계에서 진입하는 것이 좋다. 추진위가 결성되고 토지 등 소유자의 동의율이 75퍼센트를 넘어야 조합을 설립할 수 있는데 이 숫자가 절대 만만치는 않다. 재개발구역으로 지정된 이후에도 추진위 단계에서 동의율이 못 미쳐서 사업이 몇 년씩 표류하는 곳도 많다. 그러므로 주민 동의율이 75퍼센트 이상 될 것인지, 75퍼센트 이상이면 정확히 몇 퍼센트인지 확인하고 주의해야 한다. 주민 동의율 75퍼센트를 겨우 넘은 사업장보다 여유 있게 넘은 사업장이 향후 재개발 과정에서 더 탄력을 받을 수 있다.

조합은 사업 시행 시 사업 주체로 보며 주택법 제9조 규정에 따른 '주택건설사업 등의 등록'을 해야 한다. 조합은 법인이며 비영리, 공익법인, 사단법인의 성격을 갖는다. 조합이 일단 설립되면 이미 동의한 의사표시를 철회하였다고 해도 조합의 법적 지위에는 직접적인 영향을 미치지 않는다. 주택재개발사업 조합설립 당시 사업시행안에 있는 토지 등 소유자는 사업에 동의하지 않아도 조합원이 된다.

단, 재건축과 가로주택정비 사업의 경우는 조합설립에 동의한 자만 조합원이 된다. 재건축의 경우에는 이때부터 조합원 지위가 박탈된다. 주택재개발사업의 조합원은 강제 조합원 제도를 채택하고 있다. 철거업체, 시공자, 설계자의 선정도 이 시기에 결정된다.

✓ 시공사 선정

조합설립인가를 받으면 조합총회에서 경쟁입찰의 방법으로 건설업자 또는 등록사업자를 시공자로 선정해야 한다. 재개발·재건축의 경우 조합 단독으로 시공을 할 수 없다.

시공자를 선정하기 위한 경쟁입찰은 크게 일반경쟁입찰, 제한경쟁입찰 또는 지명경쟁입찰이 있다. 다만, 지명입찰의 방법은 조합원이 200명 이하인 정비사업으로 한정한다.

조합이 경쟁입찰의 방법으로 시공자를 선정하려고 했으나 미응찰 등의 사유로 인해 3회 이상 유찰되었으면 총회의 의결을 거쳐 수의계약을 할 수 있다.

✓ 시공사 선정을 위한 총회의 의결

시공사 선정 투표 전에 참여 건설사가 조합원들에게 설명할 수 있는 기회를 제공한다. 투표 당일에는 조합원 총수의 과반수가 직접 참석해 의결해야 한다. 이 경우 정관이 정한 대리인이 참석한 때에는 직접 참여로 본다. 시공사 선정을 위한 조합원 총회의 의결로 선정된 시공사가 정당한 이유 없이 3개월 이내에 계약을 체결하지 않으면 다시 총회의 의결을 거쳐 선정을 무효로 할 수 있다.

✓ 시공사의 시공 보증

조합이 정비사업의 시행을 위해 시장, 군수 또는 주택 공사 등이 아닌지를 시공사로 선정하면 그 시공사는 공사의 시공보증을 위해 시공보증서를 조합에 제출해야 한다.

재개발·재건축 조합은 반드시 공동 파트너인 시공사와 사업을 진행해야 한다. 시공사가 선정되고 나면, 시공사 대여금의 영향으로 사업 진행에 가속도가 생긴다. 시공사 선정 과정에서는 종종 불미스러운 일도 생긴다. 또한 위험 부담으로 시공사들끼리 컨소시엄의 형태로 입찰하려고 한다. 컨소시엄의 형태는 다소 의사결정이 늦어질 수도 있다는 단점이 있다.

사업시행인가

조합이 설립되면 사업시행인가를 받아야 하므로 이를 신청해야 한다. 사업 시행계획서 등을 작성해 신청한다. 계획서에는 토지이용계획, 정비기반시설 및 공동이용시설, 임시 수용시설을 포함한 주민 이주대책 등이 담겨있어야 한다. 이후 교통영향평가, 환경영향평가, 재해영향평가, 건축 심의, 문화재 심의, 미술장식품 심의를 거쳐 인가가 내려진다. 문화재 심의는 공사 시 국가지정문화재와 지정문화재 보호구역을 살펴 영향이 없는지 살피는 것을 말한다.

투자포인트

사업시행인가가 완료된 후 조합원들의 대략적인 분담금을 추정하기 위해 감정평가를 진행하고 감정평가가 완료되면 조합원이 평형을 신청한다. 감정평가 직전에 추정감평을 잘해서 저평가된 물건을 매수하는 것이 가장 효과적인데 이는 고수의 영역이기도 하고 변수도 많다. 따라서 초보투자자들에게 초기단계 리스크는 피하면서 그나마 투자가치가 남아있는 단계에서 매수할 수 있는 기회가 감정평가 직후, 또는 조합원 평형신청 직후 단계이다.

통지 및 공고내용

분양 신청서, 분양 신청 기간 및 장소, 분양 대상 대지 또는 건축물의 내용, 분양을 신청하지 않은 자에 대한 조치 등을 통지 및 공고한다.

분양신청 기간

조합은 사업시행인가의 고시가 있은 날로부터 30일 이상 60일 이내에 개략적인 부담금 내용 및 분양 신청 기간 등을 토지 등 소유자에게 통지하고 분양의 대상이 되는 대지 또는 건축물의 내용 등을 해당 지역에서 발간하는 일간신문에 공고해야 한다. (관리처분계획의 수립에 지장이 없다고 판단할 때는 분양 신청 기간을 20일의 범위에서 연장할 수 있다.)

전 소유자가 이미 분양 신청했고 그 후 현 소유자가 전 소유자로부터 토지의 소유권을 취득하였다면 전 소유자 조합원의 지위는 현 소유자에게 승계·이전된다. 분양 신청 기간 내에 분양 신청하지 않으면 분양받을 의사가 없는 것으로 간주해 조합원의 지위를 박탈시킨다. 재건축의 경우에는 조합설립에 동의하지 않으면 비조합원으로 간주해 매도 청구의 소송을 진행한다. 그러나 재개발사업은 재건축 사업과는 달리 조합설립에 동의하지 않아도 강제 조합원으로 편입이 된다.

이러한 강제 조합원이 조합원 분양 시기(평형 배정 신청)에 분양 신청하지 않으면 조합원의 지위가 박탈된다. 사업시행자는 조합원이 분양 신청하지 않거나 분양 신청을 철회한 자, 관리처분계획에서 제외된 자에게는 관리처분인가일로부터 90일 이내에 현금으로 정산해야 한다. 특히 경매로 재개발 물건을 사는 자는 분양 신청의 여부를 꼼꼼히 살펴볼 필요가 있다. (조합에 문의해서 상황을 잘 파악해야 한다). 만약 잘못 낙찰받았을 경우는 득보다는 손실이 크다. 사업 시행변경인가 때 재평형배정을 신청한다.

관리처분인가

인가가 내려지면 시공사 선정 후 관리처분계획을 인가받아야 한다. 조합 정관에 따라 정해진 기준으로 각 건설사 등이 경쟁 입찰해 시공사를 선정한다. 관리처분계획이란 조합원이 출자한 재산권의 평가 방법이다. 새로 건축된 건축물 및 대지 지분을 어떻게 분배하고, 취득할 건축물 및 대지 지분을 어떻게 나눌 것인지 등의 내용을 담고 있다. 재건축 사업 완료 후 부담해야 할 분담금 및 완료 후 정산받을 금액은 어떻게 처분할지도 담겨있어야 한다.

구청장이 이 계획서를 확인 후 인가 신청을 내주는데 부족한 서류가 있거나 계획이 미비한 부분은 없는지 등을 살핀다. 이때 토지 등 소유자가 분양 신청했거나 철회하면 해당 토지 및 건축물을 현금으로 청산해야 한다. 이 금액은 사업시행자와 소유자가 협의해 결정한다. 시장·군수가 추천하는 감정평가업자가 평가한 금액을 기준으로 삼는다.

관리처분계획까지 인가받으면 착공 및 분양을 시행한다. 조합 정관에 정한 대로 감리자를 선정하고 철거에 들어간다. 철거할 때 각 지자체장에게 신고해야 한다. 사업시행자는 착공신고서를 제출하고 시공보증서를 제출한다. 허가받으면 공사에 착수하게 된다. 공사에 착수한 뒤 입주자를 모집할 때는 공개모집을 통해 조합원 할당 물량 외에는 일반분양을 해야 한다.

공사가 완료되면 사업시행자가 구청장에게 준공인가 신청을 한다. 구청장은 관리처분계획까지의 인가받은 내용대로 완료됐는지 확인 후 허가를 내린다. 준공인가가 떨어지면 사업시행자가 확정측량 및 토지분할을 실시한다. 사업시행자는 조합원 및 일반분양 입주자에게 건축물 소유권을 이전해주게 된다. 이후 조합을 해산하고 채무 및 잔여재산이 있으면 조합원에게 기존 구분소유권에 비례해 배분해 처리할 수 있도록 한다.

이때 재건축 사업 시행으로 발생한 초과이익금이 커져 시행사와 재건축 조합 사이에 갈등이 일어나는 경우가 많다. 이익금 배분에 대한 계약 조건이 명확하더라도 예상보다 이익금이 커지면 애초 계약 비율을 바꾸려는 소송이 발생하기도 한다.

미래 투자의 꿈을 기록하라

<태백산맥>의 저자 조정래 작가는 '필사란 책을 되새김질하는 과정'이라고 말했다. 눈으로 읽고 지나가는 것보다 한 글자, 한 글자 따라 쓰는 행위가 책의 저자와 가장 깊이 교감하는 방법이기도 하다.

투자의 대가들이 쓴 책을 읽으면 투자의 원칙과 방향에 관한 통찰력을 얻을 수 있다. 하물며 그 책을 읽는 것에 그치지 않고 필사를 한다면 그 내용, 글귀 하나하나를 되짚어 볼 수가 있다.

상담자의 부동산 투자 노트

부동산 상담을 하다가 부동산 투자의 경험을 기록해 둔 한 상담자를 만난 적이 있다. 그는 자신의 투자 경험을 적다 보면 스스로 투자의 장단점과 개선 방향이 뚜렷해진다고 소개했다. 그의 노트를 살펴보았는데 2015년 서울 한 지역의 아파트 투자 당시 매매 금액은 물론 당시 아파트 투자에 나섰던 마음 등이 소상하게 기록되어 있었다. 또한 2018년 구분상가 투자에 실패했던 사례도 적어 둔 것을 보면서 그의 부동산 투자의 성공담과 실패담을 모두 알게 됐다.

그때 필자는 작은 충격을 받았다. 비록 부동산 투자의 경험이 많지는 않았지만 몇몇 매매 당시 상담자의 투자 현황과 깊숙한 고민의 흔적을 더듬어 보았고, 상담자의 내공 깊은 투자 통찰력을 느낄 수 있었기 때문이다. 이것이 기록하는 것의 중요성이다. 좋은 투자습관을 글로 표현해내면 더욱 자신의 무기가 된다. 나아가 이 내용을 읽는 다른 사람에게도 큰 영향을 끼치게 된다.

기록은 투자자가 시간이 지남에 따라 부동산 투자 성과를 평가하는 데 도움이 된다. 부동산 평가, 임대 수입 및 비용과 같은 지표를 추적함으로써 투자자는 포트폴리오의 전반적인 수익성을 측정할 수 있고 향후 투자에 대해 정보에 입각한 결정을 내리고 필요에 따라 전략을 조정할 수 있다.

또한 상세한 기록은 효과적인 위험 관리에 이바지한다. 투자자는 시장 침체나 부동산 관련 문제 등 과거의 문제를 분석하여 미래의 위험을 완화하기 위한 전략을 개발할 수 있다. 이러한 사전 예방적 접근 방식은 투자를 보호하고 잠재적인 손실을 최소화하는 데 도움이 된다.

부동산 매매패턴에 도움 되는 매매일지

주식투자의 귀재 워렌 버핏(Warren Buffett)은 자신의 투자 노트를 만들었다. 거기에는 투자와 경영, 직업 선택, 부의 증식, 성공적인 인생 등에 관한 심오한 지혜가 담겨 있다. 당신도 자신의 투자관점을 정리해서 노트에 담을 수 있다.

일과를 마치고 잠자리에 들기 전, 우리는 하루 동안 어떤 일이 있었는지 그리고 어떤 감정이 들었는지에 대해서 일기를 쓰곤 한다. 그리고 그 일기를 1년 후쯤 읽어보면 의미 있는 사실을 발견하게 된다. '과거의 나는 이런 경우 이런 모습이었구나.' 하면서 자신을 돌아볼 수 있는 가장 소중한 자료가 된다.

부동산 매매를 시작했다면 매매일지를 작성하면 좋다. 매매일지도 마찬가지로 나의 매매패턴을 돌아볼 수 있게 하고, 또한 실수했다면 같은 실수를 되풀이하지 않도록 하는 소중한 기록이 된다. 잘못된 투자습관을 고칠 수 있게 해주기 때문에 투자자라면 반드시 해야만 하는 일이다.

부동산 포트폴리오 다각화를 목표로 하는 투자자는 기록을 사용하여 성장 및 다각화 가능성이 있는 영역을 식별할 수 있다. 과거 성과를 분석하면 새로운 시장이나 부동산 유형으로의 확장에 대해 정보에 입각한 결정을 내리는 데 도움이 된다.

또한 새로운 투자 기회를 고려할 때 실사 활동 기록과 과거 투자에 대한 조사를 통해 투자자는 충분한 정보를 바탕으로 결정을 내릴 수 있다. 여기에는 시장 동향, 부동산 가치, 잠재적 위험에 대한 정보가 포함된다.

기록은 정확한 자산 평가에 이바지한다. 개선, 개조 또는 시장 변동과 같은 세부 사항으로 부동산 기록을 정기적으로 업데이트하면 투자자가 부동산 자산의 현재 가치를 현실적으로 이해할 수 있다. 이외에도 기록 보관은 투자자에게 법적 보호를 제공하기도 한다.

필자는 집의 등기부 등본을 비롯해 임대차계약서, 권리증 등을 일목요연하게 관리하고 있는데 분쟁이 발생하면 거래, 합의, 재산 관련 활동에 대한 문서로 만들어진 이력을 보유하는 것은 증거 역할을 할 수 있으며 법적 문제로부터 보호를 받을 수 있는 강력한 힘이 되기도 한다.

부동산 투자에 대한 세세한 기록 관리는 성공을 위한 청사진이다. 과거 거래, 재무 성과 및 시장 통찰력에 대한 명확한 로드맵을 제공하여 투자자가 정보에 입각한 결정을 내리고 부동산 환경의 복잡성을 풀어낼 수 있는 투자의 맵이라는 점을 인식하자.

가격이 아닌
가치에 주목하라

영국 허트포드셔대학 심리학과 리처즈 와이즈맨(Richard Wiseman) 교수 연구팀은 일반인 578명을 상대로 약 7,000원대의 값싼 와인과 1~5만 원대의 와인을 놓고 블라인드 테스트를 시행했다. 와인 시음자에게 어느 쪽이 더 비싼 와인이냐 묻자, 이를 구분해낸 사람은 50퍼센트에 불과했다. 와이즈맨 교수는 '불황기에 이번 실험이 주는 메시지는 분명하다.'라며 고가 제품의 허실을 지적했다.

시대가 변하고 소비자들이 똑똑해지는 만큼, 소비 경향 또한 일률적으로 흘러가지 않는다. 단순 활용 위주의 제품은 주로 초저가 브랜드에서 구매하고, 자신에게 가치가 더 월등하다고 느껴지거나 감성적 만족을 주는 제품에는 과감하게 소비하는 추세이다. 따라서 매우 저렴한 축에 속하는 브랜드가 뜻밖의 인기를 끌기도 하고, 불경기 속에도 고가 브랜드가 선전하는 기이한 현상이 나타나고 있다.

부동산의 내면 가치를 발견해야

많은 사람이 부동산을 바라볼 때 겉모습, 다시 말해 가격이나 수익적 측면에만 집중하고 있다. 그러나 부동산을 바라보는 관점을 내면에 숨겨진 가치를 찾아 발현시킬 수 있을 때, 비로소 부동산이 내게 더 친근한 친구로 다가올 것이다. 당신이 부동산이 가지고 있는 내면의 모습을 보다 합리적으로 판단할 수 있는 기준을 갖출 수 있다면, 그때부터는 부동산이라는 친구는 슬픔과 고통, 배신을 안기는 존재가 아니라 늘 가까이하고 싶은 친근한 존재가 될 수 있다.

부동산 투자 현장에서는 같은 지역, 심지어 같은 장소에 있는 아파트라 하더라도 그 가격이 다양하다. 실제로 같은 단지의 아파트 201동과 202동조차 가격이 다르고, 심지어 같은 동에서도 2층과 15층의 가격 차이가 존재한다. 내부 구조도 완벽하게 동일하고 크기도 차이가 없는데도 말이다. 조망권, 남향 등등, 같은 물건도 여러 요인에 따라 가격은 달라진다. 같은 지역이라도 부동산의 처지가 다르면 가격의 차이와 향후 미래가치가 달라진다. 따라서 현재의 가치가 아닌 미래의 가치를 예상하고 신중하게 의사 결정해야 한다.

익선동, 핫플레이스 되다

2010년까지 서울 종로구 익선동은 낡은 한옥이 밀집한 동네였다. 1920년대 전후 지어진 50제곱미터 미만의 작은 개량 한옥이 좁은 골목길에 밀접하게 붙어있었다. 2010년대 중반부터 한옥을 개조한

작은 카페와 액세서리 가게가 들어왔지만 상권이라고 부를 수준이 아니었다.

부동산 투자자 L씨(55)가 익선동을 주목한 시기는 2018년. 당시 정부는 익선동을 '한옥밀집지역'으로 지정했다. L씨는 익선동이 가진 가치를 정확히 꿰뚫어 봤다. 그는 "익선동은 남산 한옥마을이나 북촌보다 더 오랜 역사와 전통을 지녔다."라며 "한옥촌은 아무 데나 또 지을 수 있지만 100년 역사는 새롭게 만들 수 있는 상품이 아니다."라고 했다. 한옥밀집지역 지정으로 새 건물을 짓기 어려워진 것도 익선동 가치를 높였다.

L씨는 익선동의 개성을 살린 독특한 매장을 대거 개발했다. 일식당 '송암여관', 샤부샤부 식당 '온천집', 디저트 카페 '청수당', 태국음식점 '살라댕방콕' 등 자체 식음료 브랜드를 기획·개발했다. 송암여관은 1970년대 유명 요정 '송암'을 모티브로 만들었다. 당시 쓰던 가구 등을 고스란히 가져와 과거 분위기를 살렸다. 모든 매장에는 좌석을 줄이고 자연 공간을 최대한 넣었다. 물이 흐르는 돌다리, 잉어떼가 있는 작은 연못, 온천 등을 배치했다.

익선동은 2024년 부동산 가치가 4배쯤 뛰었다. 땅값은 2016년 3.3제곱미터(1평)당 2,000만 원에서 수 배 올랐다. 유동 인구도 100배 이상 늘었다. L씨가 미래가치를 주목했기에 가능한 일이었다.

부동산의 미래가치가 중요한 이유

부동산의 미래가치는 매우 중요하다. 부동산 시장은 수요와 공급의 변화에 영향을 받는다. 인구증가, 경제성장, 산업발전 등은 부동산 수요를 높일 수 있으며, 반대로 인구감소나 경기침체는 수요를 줄일 수 있다. 미래에 어떠한 변화가 예상되는지를 고려하여 부동산의 가치를 평가해야 한다.

특정 지역의 발전 가능성은 해당 지역 부동산의 가치에 큰 영향을 미친다. 인프라 개발, 교통 시스템의 확충, 산업 클러스터의 형성 등이 해당 지역의 부동산 가치를 높일 수 있다. 익선동의 사례가 그러하다.

또한 기술과 환경 변화는 부동산 시장에도 영향을 준다. 스마트 시티 기술의 발전, 환경친화적인 건축 기술의 도입 등은 부동산 시장을 변화시킬 수 있다.

이외에도 정부 정책 변화는 부동산 시장에 큰 영향을 미칠 수 있다. 세제 정책, 규제 정책, 부동산 시장 지원 정책 등은 시장의 미래가치에 영향을 미칠 수 있으므로 이러한 변화를 예측하여 고려해야 한다. 이러한 미래가치에 주목하는 전략을 수립해야 한다.

감이 아닌
빅데이터를 활용하라

소셜미디어의 빅데이터를 활용해 대한민국 부동산을 여러모로 파헤치는 조영광 씨는 부동산 시장에 빅데이터를 접목시킨 하우스노미스트(House+Economist)로 불린다. 대학 졸업 후 국내 굴지의 전자, IT, 자동차 회사에 최종 합격했음에도 건설업에 뜻을 품고 국내 메이저 건설사에 입사했다. 마케팅팀에 배속되어 부동산 데이터와 대한민국 주택시장의 지표인 분양 현장을 넘나들며 그 건설사가 '주택 공급 7년 연속 1위'를 차지하는 데 이바지했다.

입사 3년 차 때 자신이 개발한 '전국 시·군·구 대상 유망 사업지 예측 시스템'을 활용해 주택시장 분석과 예측 업무를 담당했으며, 신규 분양 단지의 청약률 예측과 초기 분양률 예측까지 도맡아 하면서 분양시장에서 '진짜 봐야 하는 데이터'가 무엇인지 답할 수 있게 되었다.

부동산 시장 분석과 예측에 장점

빅데이터란 무엇인가? 빅데이터 비즈니스 전문가 스즈키 료스케는

"기존 데이터보다 그 크기가 너무 커서 일반적인 방법으로는 수집하거나 분석하기가 어려운 데이터 집합체를 의미한다."라고 설명한다.

소셜 네트워크의 데이터나 인터넷 텍스트 및 문서, 통화 상세 기록, 대규모의 전자상거래 목록 등이 바로 빅데이터에 해당하는데, 지난 10년간 정보통신 기술이 모든 산업에 보편화되고 특히 스마트폰, 태블릿 PC와 같은 스마트 기기의 이용자가 늘어나면서 우리 주변에 새롭게 생성되거나 유통되는 정보가 폭발적으로 증가하기 시작했다.

예를 들어 스마트폰은 우리의 이동 경로를 실시간으로 기록하여 저장하고, 버스나 지하철에 설치된 요금정산기도 얼마를 내는지 언제 어느 장소에서 타고 내렸는지에 대한 정보를 축적한다. 심지어는 네이버나 구글에서 찾아본 검색어와 SNS, 블로그에 남긴 하루 동안의 짧은 기록들까지, 우리의 모든 것을 파악할 수 있는 막대한 양의 데이터들이 축적되고 있다.

빅데이터를 활용하고 있는 선구자 격인 사업자로 웹서비스 사업자가 있다. 이들 사업자는 사용자들이 검색엔진을 통해 무엇을 검색하는지를 알 수 있는 동선 데이터, 구매 데이터, 업로드 데이터, 인간관계에 관한 데이터를 대량으로 취득하여 활용하고 있다. 바로 이러한 것들을 '빅데이터'라고 부른다.

인간은 수집한 방대한 빅데이터를 바탕으로 과거와 현재를 분석하고 미래를 예측한다. 당연히 부동산 투자전략에서도 빅데이터 활용이 늘고 있다. 먼저 부동산 시장분석 및 예측에 필요한 통계지표를 평가한다. 부동산 시장변화에 대응하기 위한 부동산 통계 수요의 발굴 및 구축에도 활용하며, 부동산 시장분석 및 예측에도 적용하고 있다.

빅데이터 정보를 얻어 분석이나 예측에 활용하면 부동산 시장의 전모를 파악하는 데 도움이 된다. 그런데 의외로 빅데이터를 무료로 제공하는 곳이 많다.

부동산 빅데이터 무료 제공 사이트

KB부동산 '리브'에서는 주택 매매가격, 종합지수부터 전셋값 지수, 매도매수 우위 지수뿐만 아니라 부동산 매매가격 전망지수도 볼 수 있다. 또 아파트 매매 대비 전세비, 규모별 아파트 매매지수 등 부동산에 대한 거의 모든 자료가 포함되어 있다. 이곳에선 과거 자료를 기반으로 미래를 더 정확하게 분석하고 전망할 수 있다는 장점이 있다.

한국감정원에서도 정기적으로 알림 마당을 통해 아파트 가격 동향 빅데이터 분석자료를 게시한다. 단순한 아파트 매물 찾기도 가능하지만, 공시가격이나 실거래가, 거래정보와 아파트 관리비 등 자세한 자료도 확인할 수 있다.

특히 이곳에서는 전국 주택가격 동향 조사를 통해 통계표를 배포하고, 매월 부동산 가격 동향과 매주 주간 아파트 가격 동향을 자세하게 알려준다.

통계청 역시 우리 모든 통계지표를 무료로 볼 수 있는 곳이다. 통계 포털과 국가 주요 지표, 통계 지리정보, 통계분류 포털, 마이크로데이터 등의 정보를 통해 우리나라의 전반적인 경제지표를 파악할 수도 있어 부동산 시장 예측에 도움이 된다.

'부동산 랭킹-부킹'에서도 부동산 거래량, 매매가, 평 단가 등을 찾아볼 수 있다. '네이버 부동산'이나 '직방' 사이트에서는 다양한 빅데이터 정보를 손쉽게 검색할 수 있다. 개인이 운영하는 정보 사이트도 있다. '땅 짚고' 사이트 같은 경우 아파트 관련 빅데이터가 많고 유용한 빅데이터 정보는 유료로 접근할 수 있다. 이외에도 '부동산114', '호갱노노-차원이 다른 부동산 앱', '온 나라 부동산정보' 사이트 등도 부동산 관련 빅데이터를 얻기에 유용하다.

빅데이터 분석 전문서비스 등장

빅데이터 분석이 어렵게 느껴진다면 전문서비스 업체를 이용할 수도 있다. '지인 플러스'가 대표적 업체다. 이 회사는 전국 아파트 가격 변화 예측 서비스를 무료로 제공하는 빅데이터 기반 웹사이트 '부동산 지인'을 운영하고 있다.

전국 4만 3,000여 단지를 대상으로, 고객이 선택한 아파트의 가격

등락과 수요 증감, 가격 변동성 특징 및 주기 등을 반영한 '지인 지수'를 산출하고 이를 토대로 가격 변화 전망과 최적의 거래 시점을 일러준다. 이 과정에서 지도를 비롯한 시각화 자료를 활용해 이해를 돕는다. 지인 플러스는 자체 확보한 아파트 정보 1,200만 건에 공공데이터 3만 건을 추가해 예측 정확도 향상을 꾀하고 있다.

'다방'에서도 자체 분석센터를 세워 임대 매물 관련 데이터를 지속해서 축적하면서 고객에게 지역별 원룸 등 전·월세 시세 정보를 예측해 제시하고 있다.

신축 빌라 시세 정보를 제공하는 '집나와'는 독자적으로 개발한 AI 알고리즘 '빅그램(biggram)'을 통해 도출한 빌라 가치 평가 자료를 제공한다. '직방'도 빅데이터랩 서비스를 통해 전국 100가구 이상 아파트 및 주상복합 단지의 시세 변동, 학군 및 역세권, 인구 흐름 등의 정보를 제공하고 있다.

입지와 시간을 연결한 지도를 그려라

부동산 투자에서는 하나의 요소만이 의사결정의 핵심이 될 수는 없다. 부동산 투자 상담 때마다 선택을 고민하는 사람들을 만난다.

"두 군데의 부동산 투자를 준비하고 있습니다. 한 곳은 서울이고 GTX역이 들어서서 역세권 비전이 있습니다. 다른 곳은 경기도입니다. 아파트 단지가 들어서고 있는 개발지역입니다. 둘 중 어느 곳을 선택하는 것이 좋을지 고민입니다."

40대 초반의 P씨는 필자의 투자 강연 후 자신의 고민을 털어놓았다. P씨처럼 누구나 투자전략을 세우다 보면 최종적으로 이런 고민에 빠지는 경우가 정말 많다.

어느 쪽이나 장단점이 있으니 저울질을 해 1%라도 더 나은 안을 선택하면 된다. 그러나 전문가들이라면 여기에 좀 더 다양한 요소들을 반영해 비교평가 한다. 현재 주택 소유 여부와 세 부담 예측, 자금투자 규모와 사용 가능 기한, 관리 여건, 단기투자 관점, 장기투자 관점 등을 두루 살핀다.

입체적인 설계도 그리는 법

모든 의사결정은 [데이터] → [연산] → [결과]라는 프로세스로 이루어지는데 좋은 데이터를 많이 투입할수록 신뢰할만한 결정을 할 수 있다. 그러니까 더 많고 더 좋은 데이터를 누락 없이 고려할수록 좋은 선택을 할 수 있는 것이다.

이해가 쉽게 표로 그려보자.

A안		B안	
장점	단점	장점	단점
- GTX역 교통면에서 큰 효과	- 재개발 지연으로 인한 금융부담 증가	- 3기 신도시의 서울 접근성 매우 좋음	- 3기 신도시 재개발의 지연
- 향후 재개발 추진시 가격상승 기대감	- 재개발 상승 기대감으로 현 빌라가격 높음	- 서울과의 인접성으로 생활기반 활용도 높음	- 실제 교통문제의 어려움 예상
- 강남과의 거리단축으로 수요증가 예상	- 좁은 평수로 인한 향후 배당될 아파트 작은 평수 전망	- 도시 집중성을 벗어남으로써 쾌적한 생활공간 유지	- 신도시로 인한 자녀의 학교문제 대두
- 북한산과 가까운 거리로 숲세권 장점			

<투자자 개인의 현재 상황과 여건>
현재 주택 소유 여부와 세 부담 예측
자금투자 규모와 사용 가능 기한 (자기 자본 vs 대출, 이자 등)
기회비용 (다른 투자가 불가능한 상황 고려)
관리 여건 (지역성, 개인 능력)

P씨처럼 "A안과 B안 중 어떤 선택이 더 나을까요?"라고 고민하는 상황에서는 의사결정이 쉽지 않지만, 표와 같이 더 많은 필수 정보를

추가하여 따져보면 훨씬 선택이 쉬워질 수 있다는 사실을 알게 된다.

좋은 전략은 반드시 두 가지 관점을 동시에 고려해야 한다. 하나는 입지적 관점이고 다른 하나는 시간적 관점이다. 이 두 가지 시·공간적 요소가 동시에 결합할 때 가장 좋은 의사결정을 내릴 수 있다. 위 표에는 두 가지 측면에서 데이터가 고려되고 있다.

입지적 관점으로 A안 장소의 장단점(기회, 위협요인)과 B안 장소의 장단점(기회, 위협요인)과 시간적 관점으로 단기적인 투자 측면에서 장단점(기회, 위협요인)과 장기적인 투자 측면에서 장단점(기회, 위협요인)을 투자자 개인의 현재 상황과 여건과 연결하여 반응도를 체크하고 있다.

투자자금이 넉넉하고 여유가 있을 때는 단기적으로 투자하여 이익을 얻을 수 있지만, 투자자금이 적고 여유가 없을 때는 장기적인 플랜이 유리하다. 이렇게 시공간 요소를 종합적으로 판단하여 A안과 B안을 선택한다면 훨씬 투자자에게 적합한 투자처를 선택할 수 있다.

부동산 전문가나 성공하는 투자자들의 머릿속에는 대부분 이런 의사결정 맵이 들어있다. 좁게 보거나 일부 데이터에 매몰되지 않고 시공간 전체를 두루 고려하여 최대한 다양한 데이터를 투입해 의사결정을 내리는 것이다.

시간의 흐름도 고려한 전략 세워야

머릿속에 서울과 수도권 지도를 거미줄처럼 입체적으로 연결해 놓으면 부동산을 이해할 때 아주 유용하다. 지도를 해석하는 능력인 독도법을 모르면 전문가가 되기 쉽지 않다. 서울과 수도권을 비롯해 각 시·군·구 단위를 입체적으로 외우고 전철, 도로, 학군, 상권과 강, 공원, 산 등의 지역 특성을 파악해야 한다. 이렇게 지도를 머릿속에 넣는 훈련을 하면 투자처에 대한 폭넓은 사고력과 상대적인 가치의 차이를 구분할 수 있다.

시간적인 흐름도 고려해야 한다. 단기전이냐 장기전이냐에 따라 A안이 좋을 수 있고 B안이 좋을 수 있다. 투자전략이 완전히 달라진다. 2~3년 뒤 회수할지, 10년 정도 바라보며 투자할지에 따라 최적의 선택이 달라지는 것이다. 시간적 요소는 현재 상황과 다른 기회 요인이나 위협요인을 만들 수도 있다.

이처럼 입지와 시간을 연결해야 한다. 공간을 선택하는 것과 부동산에 있어 시간의 흐름은 매우 중요한 요소이다. 이 둘을 연결한 투자지도를 그리면 중요한 투자전략이 가능하다.

PART 4

서울 생활권의
미래 가치

동북권 가치
서울시의 정책이 집중되는 지역

동북권은 성동구, 광진구, 동대문구, 성북구, 중랑구, 강북구, 노원구, 도봉구를 포함하는 생활권이다. 이 지역에는 떠오르는 문화·관광 중심지는 물론, 철도 중심의 교통 요충지와 많은 유수의 대학이 있다. 또한 여러 중심지를 보유하고 있는데, 서울숲과 어린이대공원은 문화, 예술 관련 기업을 유치해 문화·관광 사업의 중심지로 활성화할 전망이다. 삼표레미콘 공장 부지를 거점 삼아 복합문화시설도 개발할 예정이다.

성수동 일대는 서울숲을 자연스럽게 연계하여 대표적인 문화 관광지이자 랜드마크가 되도록 도울 계획이다. 더불어 망우 역사문화공원은 역사문화탐방의 관광지로, 노원역과 광나루역 일대는 차로와 보행로를 분리하여 쾌적한 보행환경을 조성하고 역세권 특화 거리로 조성하고자 한다. 또 대학이 밀집한 권역인 만큼 해당 대학 인프라를 활용해 지식산업 클러스터로서 육성할 전망이다. 이외에도 동대문-면목-성수에 이르는 산업지구에서 패션과 수제화 등의 도심 제조업을 고도화할 수 있도록 스마트 기술을 도입하여 생산 환경을 혁신한다는 복안이다.

신성장, 교통 경제 거점으로의 도약을 통한 균형 발전

먼저 청량리와 왕십리를 교통 및 경제 중심지로 만드는 것이다. 이미 청량리는 예로부터 교통의 중심지로서 역할을 다해온 만큼, 노후화된 시설을 정비하거나 쓰이지 않는 용지를 개발하고, 더 많은 지역과 연결성을 높이는 쪽으로 방향을 잡았다. 구체적으로는 주변 가용지를 전부 업무, 상업, 주거, 문화의 복합 기능을 수행할 수 있는 공간으로 만든다는 것이다. 더불어 청량리역 광역환승센터 조성, 왕십리역 GTX-C 노선, 동북선을 신설해 광역 교통을 늘려 역세권으로서의 중심 기능을 더욱 강화할 방침이다.

창동-상계 지역은 업무, 상업, 문화 기능을 강화할 방침이며, 광운대 역세권 일대와 홍릉 바이오 의료허브를 청량리와 연계하여 혁신 산업 거점으로 키울 전망이다. 더불어 망우 지역은 교통의 우수성을 살려 경기 북부(의정부, 동두천) 등과 경기 동북부(구리, 남양주) 지역과의 교통 연계를 더욱 강화할 방침이다. 또한 미아 사거리를 중심으로 문화, 쇼핑, 업무가 연계된 지역의 중심지로 육성할 계획이다.

'정비 사업' 통한 주거 공간 확보

가장 먼저, 정비 시기가 도래한 노후 아파트, 빌라 등 주거지 정비 사업을 추진하기 위해서 계획을 세우고, 해당 지역에 적합한 도시 관리 기준을 만들어 정비 사업이 매끄럽게 진행될 수 있도록 지원할 방침이다. 대표적으로는 노원구 상계와 중계동 등에서 지역 단위의 도시기반

시설 공급과 체계적인 정비 산업이 이뤄지도록 추진할 전망이다. 정비 산업이 실제 이뤄지고 있는 사례로서, 동대문구에서는 노후 주택들을 정비하고 휘경-이문 뉴타운 계획으로 총 1만 세대가 넘는 규모의 신축 대단지 아파트들이 들어서고 있다. 더불어 한강, 중랑천과 같은 수변 지역은 트인 시야를 조성하고 북한산을 조망할 수 있도록 각 지역의 특색에 맞는 건물 높이 관리를 통해 도시 경관을 특색 있게 하고, 동시에 어디서나 도시의 스카이라인을 감상할 수 있도록 기준을 제공할 방침이다.

기반 시설 구축으로 지역 단절 해소

청량리를 비롯해 철도 중심지가 많은 동북권의 경우, 철도가 지나는 지상철을 정비함으로써 지상의 공간을 확보하여 지역 단절을 해소하는 것이 중요하다. 지역 간의 연결을 도모하기 위해, 도로와 철도 같은 기반 시설을 전반적으로 검토할 예정이다. 대표적으로 중랑천 동부간선도로를 서울 시계까지 지하화하고, 지상을 공원 및 녹지로 조성해 수변 접근성을 강화하고 주변의 산맥과의 연계를 강화하여 중랑천을 문화, 녹지축으로 활성화할 계획이다. 나아가 경의·중앙선과 2호선, 4호선의 지상철 구간에 대해서도 지상부에 보행 공간을 마련하여 지역 단절을 해소하고자 한다.

더불어 중심지와 교통 연결을 강화하기 위해서, KTX 동북부선을 연장하고, 동북선, 면목선, 우이신설선, 강북횡단선 등의 신규 및 연장 철도망을 확장할 계획이다. 더불어 4호선과 7호선을 급행화하여 의정부, 양주, 구리, 남양주 등 인접 도시로 이동하는 시간을 단축할 계획이다.

'2040서울도시기본계획'의 주요 사업 중 하나가 수변을 활용하고, 주변 녹지와 연계시키는 것인 만큼, 동북 생활권에서는 중랑천이 그 중심이 된다. 보행일상권 내에 물가가 조성될 수 있도록 한강-중랑천-청계천 등의 수변을 공원이나 녹지와 연계하는 사업을 추진할 계획이다. 더불어 구릉지 지형을 활용해 자연과 인근 경관을 조망할 수 있는 전망도 제공하여, 시민들이 풍부한 자연환경을 누릴 수 있도록 기획 중이다.

동남권 가치
국제교류 복합지구로 특성화 전략

이 지역은 삼성역 일대의 국제 업무 및 국제회의(MICE) 산업이 활성화돼 있다. 서울시와 이곳 자치구에서는 방문한 사람들이 역사 및 문화 관광을 동남권 내에서 할 수 있도록 다양한 거점과 이벤트 공간을 조성할 방침이다. 이를 위해 문화 예술 거점으로서 세빛섬-고속버스터미널-정보사 부지-예술의전당을 연결한 반포대로를 활용할 것이고 풍납토성 주변 지역을 수변 역사 문화거점으로 키우면서 삼성역 일대의 국제교류 복합지구와 연계할 것이다.

강남 도심, 국제교류의 중심지

강남 도심은 국제 업무 및 교류의 중심지로서 핵심 기능을 강화하기 위해 대규모 가용지를 개발하고 교통 체계를 고도화하고자 한다. 이곳의 경우 테헤란로와 강남대로를 중심으로 업무와 상업 기능을 더욱 고도화하여 지속적인 성장을 도모할 계획이다.

또한 코엑스와 영동대로를 복합 개발해 인근 지역을 국제교류와 국제회의 산업의 중심으로 성장시키는 것이다. 이는 곧 들어설 예정인 현대차 글로벌 비즈니스센터(GBC)-서울 의료원 대지 개발-잠실 종합운동장-서울무역전시컨벤션센터(SETEC)를 연계하는 지역을 포함한다. 더불어 삼성역 일대에 광역 교통을 처리하는 강남권 광역복합환승센터를 신설하고, 자율주행 자동차, 도심항공교통 등 미래 교통수단을 서로 연계하는 교통의 허브로서 인프라를 조성할 방침이며 그와 동시에 교통 안전시설 역시 갖출 전망이다.

- 코엑스 전경 -

이외에도 경부간선도로의 재구조화를 통해 단절된 공간을 연결하고 보행 중심의 공간 구조로 재탄생시킬 계획이다. 또한 승용차 이용 수요를 대중교통 이용으로 전환할 수 있게 도보와 자전거 도로, 개인형 이동 장치를 위한 인프라를 확충할 예정이다.

더불어 강남 도심부 활력을 증진할 수 있도록 외국인, 청년, 신혼 부부 등의 도심 주거 수요를 고려해 다양한 도심형 주택과 생활 편의시설을 공급할 방침이다.

잠실, 글로벌 관광 중심지

잠실을 종합운동장에서 삼성역으로 이어지는 국제교류 복합지구와 연결해 관광, 여가, 쇼핑 기능을 구축하고 강남 도심의 국제업무기능을 지원할 수 있는 전시와 컨벤션 공간을 공급할 것이다. 지속적인 인프라를 확충하고 콘텐츠가 풍부한 매력 있는 공간으로 구성하여 잠실 광역중심을 서울을 대표하는 관광 거점으로 육성시킬 전망이다.

수서는 IT 산업 기업 기반 도시로, 문정은 업무와 R&D, 생산, 물류 기능이 복합된 도시로 키워 동남권의 신성장 산업 거점 지역으로 키울 방침이다. 더불어 현재의 수서역 공영주차장과 수서 차량기지 등의 유휴공간을 활용해 핵심 시설과 지원시설, 녹지로의 복합 개발을 검토할 것이다. 이는 신사업을 더욱 발전시키기 위한 밑 작업이다. 이 외에도 수서와 문정 지역이 중심지가 되도록, 현재 탄천으로 단절되어 있는 수서와 문정지역을 대중교통, 자전거, 보행으로 오가기 쉽게 연결하여 교통을 고도화할 전망이다.

천호·길동 지역의 청년문화 혁신 거점 조성

천호·길동 지역이 강남 도심과 잠실 광역중심으로 연결되는 동부 광역 연계 거점으로 성장할 수 있도록 천호대로와 양재대로를 중심으로 역세권을 개발하고자 한다. 업무 상업 기능과 함께 생활문화 기반이 다져지도록 고밀도의 복합 개발을 추진할 계획이다. 특히, 청년층 유동 인구가 많은 천호사거리 일대를 문화 예술 거리로 조성해 청년 예술가의 활동을 지원하는 혁신 거점으로 조성할 것이다. 천호동에서 진행되고 있는 정비 사업과 연계해 소규모 청년 공연장을 조성해 문화 예술 생태계를 구축할 수 있는 신규 시설의 도입을 살펴볼 것이다.

양재 지역을 AI, IT, 빅데이터와 같은 신성장 산업 지역으로 육성하고 수서와 문정 지역과도 연계하여 미래융합혁신축으로서 동남권의 지속적인 성장을 도모할 방침이다. 특히 서울 동부 관문 지역으로 여겨지는 고덕 비즈밸리, 강동 일반산업단지, 강동 첨단업무단지 등의 경우 업무, 상업 등의 복합 기능이 도입된 곳으로서 일자리 중심의 거점으로 성장할 수 있도록 대중교통 접근성 강화 등을 검토하려고 한다.

먼저 노후 아파트 단지를 단계적으로 정비하는 것이다. 다만, 재건축 사업이 지역 주택가격 등에 미치는 파급 효과를 자세히 검토하여 정비 사업의 시기와 면적 등을 계획하여 주거 안정성과 함께 정비 산업이 이루어질 수 있도록 관리할 것이다. 미래 주거 수요를 고려해 양질의 주택을 공급하되, 다양한 형태의 주택을 도입할 계획이다.

저층 주거지역의 경우 상태가 양호한 지역들은 그 특성을 유지하면서 낡은 환경이 정비될 수 있도록 이면도로를 정비하고, 주차장과 공원, 녹지를 확충할 방침이다. 더불어 주거지역에 상업이나 업무 시설들이 혼재되어 오히려 주거 환경을 악화시키고 있는 용도 혼재 지역에 대한 개선 방안 역시 검토할 것이다. 더불어 무허가 건축물이 모여 있는 곳에는 각종 자연 재해와 범죄 등에 대한 선제 대응 방침을 도입할 계획이다. 동남권 역시 수변 환경의 개선을 시행할 전망이다. 동남권의 많은 탄천과 양재천을 활용하여 인근 주거 지역에서 수변으로의 접근성을 높일 것이다.

기반 시설도 필요하다. 먼저 동남권에 인접한 위례, 하남, 강일 등 지역의 성장에 따르는 광역 교통 수요를 확충할 것이다. 이를 위해 GTX, 위례신사선, 위례신도시 트램, 위례과천선, 송파-하남 간 도시철도 등 철도 교통망을 늘리고 지하철을 연장하고 직통 노선을 만드는 등의 대중교통 확충 방안을 검토할 전망이다. 더불어 강일역에는 복합 환승센터를 만들어 교통 연계 기능을 수행할 수 있도록 할 것이다.

고덕차량기지를 보행할 수 있는 공간으로 만들어 기존에 제1순환고속도로 때문에 단절되어 있었던 고덕 생활권과 강일 생활권 연결을 꾀하고 있다. 물류 네트워크도 구축한다. 대규모 유통산업 중심지인 가락시장, 동남권 유통단지 등의 교통 문제를 개선하고 공중, 지상, 지하를 통해 물류가 원활히 이동할 수 있도록 네트워크를 구축할 방침이다.

공원녹지도 정비할 계획이다. 천호-암사-고덕-강일로 이어지는 강동의 한강 지역을 재정비하여 여가와 레저 시설을 확충하고, 하남시와 협력해 미사 한강 변까지 연결되는 양질의 녹지공간과 편의시설을 조성하는 것이다. 또한 기존에 보행 접근성이 제한되어 우범 지역으로 여겨졌던 간선 가로변 일대를 보행이 가능한 녹지이자 복합 공간으로 기능하도록 개선할 전망이다.

도심권 가치
역사와 문화, 경제가 공존

서울을 대표하는 권역 생활권은 바로 도심권이라고 할 수 있다. 그만큼 경제, 역사, 문화 도심으로 자리매김할 수 있도록 다양한 방안을 유연하게 검토 및 도입할 계획이다. 역사·문화 및 관광 중심지로서 서울 도심의 기능을 강화하는 반면에, 한강, 청계천 등의 자연환경 역시 그 경관 관리를 강화하여 특색있는 가로 경관을 도입하겠다는 것이다. 더불어 대통령실 이전에 따라 청와대 인근 상권 활성화와 주변 녹지 활용도 생각할 방침이다.

- 청계천 -

보존과 개발의 조화

서울 도심은 지역 특화산업과 정비 산업을 통해 도심에 활력을 불어넣는 작업을 목표로 하고 있다. 획일적으로 사업을 추진하는 것이 아니라, 각 지역의 특징을 살린 정비 산업을 추진하는 것이다. 가령 종묘에서 퇴계로까지 귀금속 거리, 충무로의 인쇄 및 영화 산업 그리고 동대문의 패션 산업 등을 특정 개발 진흥지구로 지정하는 방안을 검토하고, 해당 지역 내 특수한 산업생태계가 파괴되지 않도록 보호하는 것이다. 또한 많은 문화유산이 자리하고 있는 서울의 중심부는 환경 개선을 통해 그 보존을 적극적으로 지원하되, 지역 특성에 맞는 유연하고 다양한 정비 유형을 적용해 보존과 개발에 조화를 이루도록 하는 것이다.

서울역은 단연 다양한 철도교통이 오가는 중심지인 만큼 해당 지역을 거점으로 서울 도심을 키워나갈 방침이다. 특히 용산의 도로 체계를 개선하고, 광역 접근성을 키우기 위해 주요 간선도로와의 순환망을 연계시키는 지하도로 체계 역시 구축할 계획이다. 더불어 기존에 없었던 강북횡단선 등의 신규 도시철도망을 구축하여, 새로 생겨나는 역세권을 중심으로 도심지를 육성할 것이다.

노후화된 주거지 개선에 주력

서울 도심권은 인구가 증가하는 지역으로, 정비 사업과 연계된 주거 공급 촉진 방안을 마련하고 주거 계층의 다양화를 지향하는 것이 방침이다. 외국인, 고령자, 1인 가구 등 모든 사람에게 편리한 주거지역이 될 수 있도록 공공의료와 문화 및 복지 인프라까지 확충할 수 있는 종합적인 정책을 고려한다.

특히 서울 도심에는 역사가 오래된 만큼 노후화되었기에, 낡아 못 쓰게 되거나 저층이어서 열악한 주거지에 대해서는 도로와 공원, 주차장 등의 기반 시설을 확보하는 등 주거 환경을 개선해나갈 것이다. 다만, 한양의 도성을 중심으로 퍼져있는 궁궐, 한옥 등 보존이 필요한 주거지에 대해서는 그 특성을 보전할 수 있는 정비 방식이 적용되도록 다양한 프로그램을 지원할 것이다.

새로운 공원 터를 만들기 위해, 경부선 철도를 지하화하고 해당 지역을 용산공원과 연결하여 단절되었던 지역을 연결하는 것은 물론이고 녹지 지역이 연계될 수 있도록 할 방침이다. 특히 보행 중심 교통 체계를 마련하기 위해 교통 인프라를 개선해 나갈 예정이다. 이를 위해 신분당선을 서북부로 연장하고, 간선 급행버스를 확충하는 등 대중교통 노선 체계를 개편하여 대중교통 접근성을 높이고자 한다.

또한 자전거와 같은 개인이동수단이 편리하게 오갈 수 있도록 지상 도로를 정비하고, 전면적으로 사람 중심의 교통 체계가 마련될 수 있도록 할 것이다. 사람뿐만 아니라 생활 물류 역시 원활히 배송될 수 있도록 잘 사용하지 않는 공영주차장을 물류 복합시설로 개편하거나, 대규모 정비 사업을 추진하면 도심형 물류센터 등이 설치될 수 있도록 유인책을 적용하는 방식을 도입할 것이다.

보행자 녹지생태축 필요

　서울 도심을 푸릇푸릇한 자연이 있는 복합도심으로 구축하기 위해서, 녹지공간 조성 때 개방형 녹지공간을 확대하고 인사동, 북촌과 같은 지역에는 장소 맞춤형 보행 녹지 가로를 조성하는 등 지역적 특색과 어울리는 자연환경을 도시에 이식할 계획이다. 또한 용산공원의 중요성을 높여 남산과 한강을 연결하는 보행자 녹지생태축을 구축하고, 해당 지역의 보행환경을 적극적으로 개선할 것이다.

서남권 가치
국제 금융중심지와 첨단산업이 연계

서남권의 지역 특성을 활용하기 위해서는 문래동, 대림동, 낙성대의 문화 예술 및 역사 자원을 활용할 전망이다. 이를 통해 새로운 소비 및 문화 중심지로서 도시를 성장시키고자 한다. 또한 여의도 일대에 한강 수변 문화지구를 만들고, 안양천, 중미산, 한강 조망특화공원, 서울식물원, 강서 습지 생태공원 일대를 둘레길로 조성해 한강을 조망하게 하여 잘 이용하지 않던 수변으로의 접근성을 강화할 전망이다.

여의도, 국제 금융중심지

여의도와 영등포를 중심으로 통합적 공간 구조가 구축될 예정이다. 여의도는 국제 금융 중심지로서 경쟁력을 키울 수 있도록 기업 유치를 정책적으로 지원하고, 여의도 일대를 계획 개발할 것이다. 또한 여의도, 영등포, 인접 지역 간의 대중교통과 도보 접근성을 강화해 유기적으로 연계된 도심지로서 기능할 수 있도록 할 방침이다. 세부적으로는 광역 철도망, GTX-B노선을 연계해 여의도 복합 환승 센터를 구축할 계획이다. 더불어 서울 용산구를 중심으로 한 중심지와 강남 간의 직통 교통 체계를 만드는 등 서울의 주요 거점으로의 접근성을 개선해 신규 광역 교통망을 구축할 것이다.

이외에도 영등포역에서 신도림역에 이르는 구간의 철도를 지하화해서 지역간의 단절을 개선하고, 지상 공간을 산업, 업무, 상업 등의 복합 기능 지구로 개발할 것이다. 추가로 1인용 교통수단, 친환경 차량의 증가를 고려한 스마트 모빌리티 선도 지역으로 변모시키고자 한다.

비즈니스와 첨단사업을 연계

가산, 대림 광역중심은 대규모 가용지를 활용하고 G밸리(구로구와 금천구에 조성된 국가산업단지로, 정식 명칭은 서울디지털 산업단지)와 연계한 첨단산업 기능을 강화하는 것이 목표이다. 가령 구로 차량기지, 공군 대지 이전으로 생긴 구역은 G밸리와 연계한 산업을 지원하도록 비즈니스호텔, 컨벤션 혹은 주거나 상업, 문화 시설 등을 공급하여 활성화할 전망이다. 특히 해당 지역 개발 때에는 교통 체계도를 구축하여 환경을 개선할 것이다. 또한 기존의 G밸리 내에도 문화 체육 시설, 공원이나 녹지 등 부족한 기반 시설을 확충하여 해당 지역의 쾌적한 보행환경 개선을 위해 지속해서 성장시키고자 한다.

마곡 광역중심은 4대 혁신축 중의 하나인 김포공항-마곡-상암,

수색을 잇는 감성문화 혁신축이 있는 지역이다. 이를 위해 마곡 일대와 도시 재생혁신지구로 지정된 김포공항 일대를 이을 전망이다. 김포공항에는 서울시와의 연계를 강화하는 통합연계 환승센터를 구축하고, 마곡 광역중심에는 마곡 산업단지의 기능을 강화할 수 있도록 호텔, 컨벤션 센터, 상업문화시설을 확충할 것이다. 또한 강서 의료특구를 기능적으로 연계해, 의료관광산업과 중대형 상업업무시설이 도입될 수 있도록 할 계획이다.

수도권 남부의 주요 도시로의 광역 연계 기능을 하는 사당과 이수 지역, 대학, 행정, 문화, 상업이 복합된 봉천, 그리고 목동 등의 지역이 지역 중심지로서 기능할 수 있도록 육성할 전망이다. 이외에도 역세권 중심지의 일자리, 복합 기능 강화를 위한 방안을 마련하고자, 온수 산업단지와 같은 유휴 시설을 기술 융합형 산업단지로 개발하여 강화하고 녹지 지역을 연계시키고자 한다.

노후 주거지 개선을 위한 환경 개선
먼저 노후 주거지역을 개선하기 위한 지원을 강화할 계획이다. 저층 주거지역에 미비한 주차와 도로 시설을 관리하기 위한 장기 비전을 수립하되, 지역 특성과 연계해 개선할 것이다. 특히 양천구 목동 등 대규모 노후 공동주택단지의 정비 사업 추진을 대비해 미리 기준을 마련하고, 사전 기반 시설 확충을 유도할 것이다.

또한 산업과 주거가 복합된 G밸리 배후 주거지역은 산업과 주거, 문화와 여가 기능이 조화를 이루는 생활권이 되도록 관리할 전망이다. 이를 위해 생활편의 시설과 가리봉동, 독산동 등의 노후 주거 환경을 개선하며 지역 주민들이 부담할 수 있는 다양한 주택 유형을 고려하여 양질의 환경이 제공될 수 있도록 할 것이다.

철도 역시 지하화한다. 먼저 지역 내 단절을 해소하기 위해 경부선, 경인선 철도 지하화를 단계적으로 검토할 계획이다. 지하화가 어려우면 지상 보행 네트워크를 구축해 보행환경을 개선하고자 한다. 특히 노량진-여의도 연결 도로를 조성해 차량 흐름을 개선하고 이를 통해 생겨난 상부 공간에는 지역 특성을 고려해 여가시설과 녹지 등을 도입할 것이다. 철도를 지하화할 때 주변의 노후 시가지 또한 같이 정돈할 전망이다.

또한 교통 체계를 개선하기 위해 서부간선도로와 남부순환로에 집중된 교통량을 분산하기 위해 서남권과 동남권을 잇는 교통 체계를 확충할 계획이다. 대중교통 중에서도 2호선과 9호선 이용 포화 문제를 해소하고, 대규모 정비 사업이 준공되면 예상되는 교통혼잡을 해결하기 위한 사전 대책도 도입한다. 더불어 서부 트럭 터미널 부지와 시흥 산업용재 유통센터 부지를 다시금 도시 첨단물류단지로 조성해, 서남권 생활물류 체계를 개선할 것이다. 이를 통해 사람과 물자 모두 교통이 원활하게 하려 한다.

녹지공간의 조성을 위해서는, 안양천 등의 수변 공간과 관악산 등의 녹지를 잇는 녹지 순환 체계를 구축할 것이다. 더불어 여의도 공원, 선유도, 샛강, 현충원, 관악산 등 기존 녹지와 접근성을 강화할 것이다.

서북권 가치
지역 연계 통한 창조문화거점 구축

서북권은 마포구, 서대문구, 은평구가 속한 서북부 지역이 대상이다. 한강 연안에 있는 마포구는 마포강, 마포항으로 불리며 포구가 있던 지역이고, 돈의문이라고 불리던 서대문구에는 중국 사신이 드나드는 중요한 육로에 있던 숙박시설인 홍제원이 있었다. 또한 은평구는 산세 좋은 북한산과 한강으로 이어지는 불광천을 따라 자연이 아름다운 곳이다.

미래 융합형 창조 콘텐츠 도시

서북권은 경쟁력이 있는 문화, 출판 등의 창조 산업을 기반으로 한 지역 특화를 추진하고 있다. 서울의 문화 중심지로서 역할을 강화할 수 있도록 구체적인 권역 계획을 수립하고, 미래 융합형 창조 콘텐츠 기반 및 관광 인프라를 확충하려고 한다.

특히 상암 디지털미디어시티(DMC) 지역에 방송, 미디어 산업과 연계할 수 있는 공연장 등의 문화 예술 기반 시설을 늘리고, 상암에 방문하는 관광객을 은평구까지 유도할 수 있도록 불광천을 따라 방송문화 특화거리로 만들어 그 일대를 새로운 문화 예술 거점으로 육성할 전망이다. 물론 민간의 움직임이 어느 정도 뒷받침돼야 가능한 일이다.

북한산 진관사와 은평구의 한옥마을 일대를 한국문화특구로 만들어, 건설 중인 국립 한국문학관과 문화예술인 마을과 연계해 새로운 문화·예술 거점으로 성장시킬 예정이다. 해당 지역 특색이 녹지 공간과 조화를 이루어 친환경 문화 거점이 될 수 있도록, 북한강, 한강 등의 녹지, 수변축과 연계시키고, 지역 내 접근성을 높이기 위해 주요 거점을 순환하는 교통 체계를 구축할 계획이다.

상암 및 수색 중심지 육성 목표

산업의 고도화에 맞추어 수색역 일대를 디지털미디어산업의 중심 거점과 서북권 광역 교통을 잇는 교통 요충지로서 기능할 수 있도록, 차량 기지와 철도 용지를 복합 상업 공간으로 조성할 방침인데 속도는 더딘 편이다.

상암·난지도·마곡의 지역을 연계할 수 있도록 월드컵대교 추가 교량을 완공해 연결성을 강화하고 난지도의 경우에는 인근 지역의 성장을 지원하도록 가용지를 활용해 글로벌 창조문화산업 혁신 공간으로 조성하려고 한다. 또한 유휴부지를 인력 양성 및 연구 기능을 수행할 수 있도록 복합 개발하여, 상암 및 수색 광역중심과 연계된 산업 거점으로 육성할 계획이다.

구체적으로는 서부 운전면허 시험장 일대에 업무와 여가, 문화 및 주거 복합 기능을 부여하여 DMC를 지원하는 지역으로 성장시킬 전망이다. 은평 공영차고지의 경우에는 수색역 일대와 연결되는 고양시 덕양구 향동 지구와 연계될 수 있도록 산업과 주거, 문화 기능을 수행하는 신사업 거점으로서 육성한다.

이외에도 수색역은 공항철도, 경의선, 6호선이 만나는 지역인 만큼 광역 교통의 핵심지로 기능을 부여할 작정이다. 특히, 경의선으로 단절된 마포구와 은평구를 잇는 연계 교통망을 구축한다.

서북권에서 DMC는 매우 주목되는 지역이다. 이를 거점 삼아 산업적, 물리적으로 조화를 이룰 수 있도록 축 중심의 발전 방안이 마련될 계획이다. 먼저 마포, 공덕 지역 중심은 유휴부지를 활용해 신산업과 창작 공간을 도입하고, 주요 대로를 중심으로 업무, 문화, 상업 지구를 발달시켜 지역 특화 거점으로 키우려 한다. 더불어 해당 지역을 서울 도심과 여의도, 용산구와 기능적으로 연계할 계획 역시 수립된다.

연신내, 불광 지역의 경우 서울혁신파크가 미래 신산업 기능을 수행하는 거점으로 성장할 수 있도록 주변을 산업 지원 시설로 채울 계획이다. GTX가 들어서는 연신내는 광역교통 기능을 수행할 수 있도록 관련 인프라를 강화하고, 주변 자치구와 연계를 조성해 나간다. 서울혁신파크 부지는 업무, 상업, 주거, 창업 등이 복합된 경제 문화단지로 조성할 방침이다. 대학가가 밀집한 신촌, 홍대, 가좌 등 대학 인접 지역의 역세권에 대해서는 창업 지원 공간을 특화하려고 한다.

역세권에 지역 특성이 반영된 복합 개발이 추진될 수 있도록 주거와 업무의 직주근접을 실현하고, 주거 지역 근처에 도보로 이동 가능한 상업 및 생활 편의시설을 도입해 접근성 좋은 보행일상권을 구현하고자 한다. 이에 주로, 불광역, 연신내역, 홍제역, DMC역, 새절역, 명지대역을 중심으로 생활환경 개선을 도모한다. 서부선 경전철과 강북횡단선을 개발하는 과정에서 신규 역세권에 대한 보행일상권 역시 구현하여 쾌적한 도시로 탈바꿈을 노린다.

주거 환경과 기반 시설 개선

신촌 일대는 대학 밀집 지역이라는 특색을 고려해 다양한 유형과 규모의 주택을 공급하고, 청년 중심 커뮤니티의 특성을 고려해 생활SOC를 확충하고자 한다. 저이용 기반시설을 근린공원이나 보육시설, 여가시설로 바꾸어 청년 중심 상권만이 아닌 다양한 세대가 어울릴 수 있는 커뮤니티 형성에 이바지할 목적이다. 또한 주민 의사에 따라 이미 추진되고 있는 정비사업 구역의 경우에는 행정적, 재정적 지원을 통해 사업이 촉진될 수 있도록 한다.

철도와 도로, 하천 등으로 인한 지역 간 단절을 해소하기 위해서 지하화와 입체복합화를 추진할 계획이다. 이를 통해 생겨난 가용 대지와 기존에 잘 이용하지 않던 시설들을 다시금 지역 주민들의 수요에 맞는 맞춤형 생활 기반시설로 재탄생시킬 전망이다. 구체적으로 경의·중앙선의 수색·가좌에서 서울역까지 이르는 지상철 구간을 지하화하고, 생겨난 지상 공간을 공원이나 자전거 도로 등 시민의 일상 속 쉼의 공간으로 재탄생시킨다.

또한 서북권 내에서 편리하게 이동하기 위해 도로, 철도, 터널 등의 교통망 체계를 인접 지역과 연결할 방침이다. 스마트 모빌리티를 활용하고 기존 교통 취약 지역으로의 접근성 역시 강화한다. 서울시 간선도로 지하화 계획과 연계해 은평새길, 평창터널, 고양 삼송역-은평뉴타운으로 이어지는 구간, 신분당선 서북부 연장 등에 대한 구체적인 사업성을 검토하고 실현 방안을 현실적으로 모색할 전망이다.

이외에도 서북권의 생활 물류 체계 개선을 위해 은평 공영차고지와 철도차량기지 등의 빈 부지를 활용할 계획이며, 허브 물류 단지 등의 조성을 현실적으로 검토할 계획이다. 서북 생활권 내에도 수변 공간을 중심으로 한 녹지 시설을 확충하겠다는 것인데, 권역 내 합의된 공동 수변 공간인 홍제천, 불광천 등을 북한산, 한강으로 이어지는 남북녹지 축과 연계하여 녹지와 공원으로 조성할 방침이다. 특히 녹번천, 불광천 등 복개된 하천을 단계적으로 복원해 자연성을 회복시켜 해당 수계를 주변의 녹지, 공원과 연계시켜 수변 중심지로 만든다.

PART

5

2040 서울매가플랜

미래의 부를 가져올 부동산

서울 아파트,
유토피아 혹은 디스토피아

영화 '콘크리트 유토피아'를 보았다. 거대한 지진이 건물을 쓸어버리고 폐허가 된 도시에 기이하게도 달랑 '황궁 아파트' 하나가 온전하게 보전된다. 아파트 안 사람들은 입주민들끼리만 협력하여 추위와 배고픔을 버티고, 아파트 밖 사람들은 호시탐탐 아파트 내부 침입을 노리면서 사투를 벌인다. 그러나 실상 황궁 아파트는 사전적 의미로 '이상적 국가'를 뜻하는 '유토피아(Utopia)'가 아니었다. 억압받고 통제받는 유토피아의 반대말인 '디스토피아(Dystopia)'였다.

미래의 아파트는 디스토피아가 될 것인가, 아니면 유토피아가 될 것인가? 아파트가 우리 미래 주거문화의 커다란 축이 될 것은 자명하다. 다만 현재의 획일화된 아파트보다는 다양한 아파트의 유형이 등장할 것으로 예상한다.

식물과 연결된 창의 아파트 등장

인도 건축가 겸 컴퓨터 디자이너 마나스 바티아(Manas Bhatia)는 이미지 생성 AI 프로그램 미드저니를 활용해 미래 지향적인 초고층 아파트 조감도를 발표했다. 바티아는 이 프로젝트를 통해 나무와 식물, 해조류 등으로 뒤덮인 주거용 고층 빌딩이 공기정화 타워 역할을 하는 미래 비전을 담았다. 비록 인공지능의 힘을 빌려 미래 아파트를 조망했지만, 곡선을 그리고 식물을 아파트와 연결한 매우 창의적인 접근으로 모색된 미래 아파트 모습이었다.

- 미래 아파트 -
< 디자이너 마나스 바티아 인스타그램 >

서울시도 '2040서울도시기본계획'에서 기존에 절대적인 수치 기준으로 적용했던 35층 높이 제한을 삭제했다. 앞으로 더 다양한 아파트 설계안과 창의적인 도시 경관이 예측되는 대목이다.

실제로 주목받고 있는 곳이 서울시 여의도 일대다. 2024년 재건축 사업을 추진하는 노후 아파트들이 서울시의 핵심 주택정책인 '신속통합기획'(신통기획)을 통해 초고층 단지의 꿈을 향해 나아가고 있기 때문이다. 2023년 35층 높이 제한이 폐지되면서 50층이 넘는 아파트가 들어설 가능성이 커졌다.

여의도 시범아파트도 2022년 신통기획 1호로 확정돼 재건축을 추진 중인데 최고 65층까지 높일 수 있게 됐다. 1971년 준공돼 여의도에서 가장 오래된 이 아파트는 현재 최고층 수가 15층에 불과하다. 재건축을 통해 45~50층가량 더 올라가게 된 것이다.

서울시는 63빌딩(높이 250미터)이나 파크원(333미터)과 조화를 이룰 수 있도록 200미터 내(최고 60~65층)에서 'U'자형 스카이라인을 형성하도록 계획지침을 마련했다. 이 구상대로 추진되면 서울 내 재건축 단지 가운데 가장 높은 건축물로 자리매김할 것으로 예상한다. 설계안에 따라 어떤 아파트가 나올지 궁금하다.

한양아파트 일대는 비욘드 조닝의 시범사례로 조성한다는 구상이다. 제3종일반주거지역에서 일반상업지역으로 종 상향하는 대신 주거 중심 단일 기능에서 벗어나 비 주거시설과 오피스텔, 외국인 전용 주거 등 다양한 주거유형을 도입할 예정이다.

세계 도시 순위 7위인 서울

서울에 마당 있는 아파트의 출현은 불가능할까? 지금도 마당 있는 아파트는 존재한다. 캐나다 몬트리올의 '해비타트67' 아파트는 방 하나짜리 유닛(unit, 모든 종류의 '한 단위'를 지칭하는 말)부터 방 4개짜리 유닛까지 다양하다. 총 15가지의 유닛이 다양한 형태로 조합을 이루면서 158가구가 구축되어 있다. 365개의 조립식 유닛들은 공장에서 미리 만들어진 콘크리트 구조체인데 이 콘크리트 상자들과 벽들을 현장에서 어린이 장난감 블록처럼 크레인으로 쌓아 올리면서 조립해서 만들었다.

한국에서도 마당 있는 아파트는 존재했다. 1982년 대구 대봉동에 지어진 '대구 한양 가든 테라스'는 총 8층 높이의 건물에 단 19세대만 들어선 아파트로 지하 1층에서부터 지상 2층까지는 상가 건물이 들어서 있었으며, 나머지 여섯 개 주거층은 마당처럼 넓은 공간과 화단으로 구성되었다. 한 층마다 3개 세대만 들어서 다른 아파트에 비해 여유로운 공간을 사용하는 셈이다. 아쉽지만 2023년 초 '한양가든'은 41년 만에 역사 속으로 사라지게 되었다. 한양가든은 거주자에게 '마당'이라는 특별한 공간을 주어 윤택한 삶의 질을 제공했다.

한양가든을 설계한 故 김석철 건축가는 한 매체와의 인터뷰를 통해 "건축은 하나의 빈 곳을 채우는 사업이 아니라, 도시라는 큰 캔버스의 부분을 그리는 일"이라고 말했다. 동시에 "작은 건축으로도 큰 도시를 말할 수 있어야 한다."라고 강조했다. 미래 아파트에 시사하는 바 크다.

건축가들은 미래 아파트에 옥상 정원이나 커뮤니티 정원과 같은 도시 농업 계획이 포함될 수 있다고 말한다. 아파트 단지 내의 녹지 공간은 더 건강하고 미학적이고 즐거운 환경에 이바지할 수 있다. 홍익대 건축학과 유현준 교수는 건축법규라는 소프트웨어를 업그레이드해서 마당 같은 베란다나 발코니가 있는 아파트가 일반 주거의 표준모델이 되기를 희망하기도 한다.

일본의 두뇌집단 모리기념재단 도시전략연구소가 발표한 2022년 '세계 도시 종합력 순위(GPCI)'에서 서울은 7위를 차지했다. 1위는 런던이었다. 한국을 대표하는 주택인 아파트, 특히 서울 아파트는 20년 후에도 성장하리라는 것이 부동산 전문가들의 공통된 견해다.

성장지역의 특징은 인구증가, 소득증가, 인프라 확충, 행정계획 등 4가지 미래가치요인을 갖고 있다. 도시부동산 투자의 출발점은 도시계획에서 출발한다. '2040서울도시기본계획'에서 확인하듯 서울 아파트의 장래는 밝다.

빌라, 포비아를 딛고
전성시대는 오는가?

그래픽 디자이너 출신의 P씨(45)는 빌라를 사면서 부동산 투자의 재미를 한껏 느끼고 있다. 직장에서 월급 생활에 쪼들리며 생활했던 그는 악착같이 모은 종잣돈 1억 원을 갖고 서울 중랑구 면목동의 36제곱미터(11평)짜리 빌라에 투자했다. 서울 중랑구 신내동 한 아파트에 전세를 사는 그는 평소 약 2.8킬로미터 떨어진 중랑천에 자주 다니면서 중랑천 옆 면목동이 왠지 마음에 들었다.

그가 무엇보다 중시했던 것은 꾸준한 임대 수요 여부였다. 자신의 전 재산으로 투자한 빌라에서 나오는 임대료를 월급 삼아 생활비를 충당하려는 것이 그의 속내였다. 면목역 역세권에다가 중랑천 인근이라 그의 예상대로 임대가 어렵지 않았다. 월세 50만 원을 받았다. 투자 효과를 경험한 그는 이번에는 서대문구 쪽의 소형 빌라를 알아보는 중이다. P씨는 이번에는 과감하게 대출을 끼고 빌라를 사들일 계획이다. 그는 '역세권인데다 홍제천 수변이라는 호재도 있다.'라며, 자신의 빌라 투자에 자신감을 나타냈다.

서울을 상징하는 주거 공간의 위기

벽돌 외장, 반지하와 옥탑방, 옥외계단으로 대표되는 다세대·다가구 주택은 쉽게 빌라라고 부른다. 이 빌라는 아파트 그늘에 밀려 있는 듯 없는 듯 존재하지만, 서울을 상징하는 주거 공간이다. 근래 들어 이러한 빌라에 위기가 닥쳤다.

아파트에 비해 상대적으로 보증금이 저렴한 빌라 등 비(非)아파트에 전세 사기 사건이 급등하면서 서민의 피해가 잦았고 전세 사기에 대한 두려움이 커지고 있다. 전세 피해 사고액은 주택도시보증공사(HUG)의 실적 집계가 시작된 2015년부터 매년 증가하고 있다.

2016년 34억 원에서 2017년 74억 원, 2018년 792억 원 정도였다. 그러다가 2019년 3,442억 원, 2020년 4,682억 원, 2021년 5,790억 원 등으로 급증했다.

'깡통 빌라'도 위험 요소다. 통상 전세 보증금과 집에 딸린 담보대출액을 합한 금액이 시세의 80퍼센트를 넘는 경우 전세 사기 가능성이 있거나, 보증금을 돌려받기 어려운 '깡통 빌라'라고 판단한다. 다만 빌라는 아파트와 달리 세대수도 적고, 거래가 자주 일어나지 않아 거래 기록을 확인하기 어렵다.

외관상으로 다가구주택과 다세대주택은 다 같은 빌라로 보인다. 다만 다가구주택은 건물 전체를 한 명이 소유하고 있고, 다세대주택은 개별 호수마다 소유주가 다르다는 근본적인 차이점이 있다. 이 때문에 다가구주택은 선순위 보증금, 즉 내 보증금보다 집주인이 먼저 돌려줘야 하는 보증금이 있는지를 파악하기 어렵다.

임대인이 전세 보증금을 돌려주지 못하는 일이 생기면 건물이 경매에 넘어가게 되는데 다가구주택의 경우 한 사람이 모든 집을 소유하고 있는 만큼 내가 다른 세입자보다 후순위가 된다면 보증금을 돌려받지 못할 수 있다.

또 다가구 주택은 건물 전체가 거래 대상이기 때문에 세입자가 전세 사기 피해자로 인정받더라도 우선매수권을 활용하기가 어렵다. 세입자 한 사람이 건물 전체를 낙찰받기도 쉽지 않은데다, 후순위 세입자가 자신의 보증금을 돌려받지 못할 수 있기 때문이다.

- 서울시 한 동네의 빌라 -

빌라를 사는 지혜로운 방법

먼저 부동산 등기부등본을 확인하는 것부터 시작해야 한다. '대법원 인터넷등기소'에서 수수료(700원)를 내고 직접 확인해보는 것을 추천한다. 등기부등본에서는 저당액, 선순위 채권 등을 모두 확인할 수 있다. 특히 등기부등본 갑구에는 순위 번호가 있는데, 기재된 순서가 빠를수록 앞선 권리이다.

등기부등본을 확인하고, 계약을 했다면 바로 확정일자를 받아야 한다. 그래야 세입자가 보증금을 가장 우선해서 돌려받을 권리(최우선변제권)가 생기는데 전입신고도 이사 당일에 바로 하는 것이 좋다. 그래야 자신이 이 집의 세입자라는 것을 주장할 힘(대항력)이 생긴다.

그런데 이때 전입일 이후부터 우선변제권의 효력이 발생한다는 맹점을 이용하는 악성 임대인들이 종종 있다. 이사를 마치고 세입자가 입주한 뒤 효력이 발생하기 전 집주인을 바꾼다거나, 집을 담보로 대출을 받는 식이다. 이를 방지하기 위해서는 임대차 계약 때 특약사항을 활용해야 한다. 가령 보증금을 전입일 이후 등기부등본을 확인한 후에 지급한다든지, 전입 당일 소유주 변경과 근저당권 설정이 있어선 안 된다는 내용 등을 따로 기재하는 것이다.

또한 HUG에서 전세 보증금 반환보증에 가입해두는 것이 좋다. 전세 계약 종료 후 집주인이 세입자에게 전세 보증금을 돌려주지 않더라도 HUG가 대신 돌려주게 된다. 이걸 '대위변제'라고 한다. 수도권 7억 원, 비수도권 5억 원 이하의 전세가 보증 대상이다.

지역인 '숲'과 매물인 '나무'를 고려해야

빌라 투자의 성패는 지역이라는 '숲'과 매물이라는 '나무'를 종합적으로 고려한 입지 선택에 달려 있다. 빌라를 매입할 지역을 정한 다음에도 같은 지역 내 어떤 위치에 있는 빌라를 살 것인가를 생각해 봐야 한다. 아파트 밀집 지역보다는 일반 주택이 많은 동네의 빌라를 고르는 편이 좋다. 빌라는 낡은 건물을 샀을 때 구매 가격은 저렴하겠지만 수도, 하수도, 가스관 등이 낡아 고치는 비용이 크게 들 수 있다. 또 세입자의 수리 요청 전화가 빈번하면 여간 스트레스가 쌓이는 것이 아니다. 따라서 빌라의 층수, 준공 연한, 주차 공간 확보 등 오랜 기간 꼼꼼히 따져 보고 선택해야 한다.

얼마 전 부동산 투자를 다루는 TV 시사 프로그램에서 경매 투자에 성공한 여자분이 나온 것을 보았다. 전국을 돌며 경매를 통해 10여 개의 수익형 물건을 가진 그녀는 매달 임대수익을 톡톡히 벌고 있었다. 주목할 것은 그녀가 자신의 수익형 부동산을 대하는 태도였다. 자신의 빌라 내부에 있는 일반 백열등과 형광등도 세련된 전기 제품으로 교체하고, 찌든 때가 끼고 깨진 욕실 바닥도 수리하는 등 임대 물건을 깨끗하게 관리하는 것이다. 본인이 직접 청소하고 웬만한 고장은 직접 수리하는 알뜰함을 보여 주었다. 이렇게 공을 들여야 임대가 나가고 상대적으로 월세도 올려받을 수 있다는 것이 그녀의 지론이었다.

이러한 빌라의 전성시대는 끝나지는 않을 듯하다. 아파트에 비해 정부 규제가 덜한 데다 가격이 상대적으로 저렴하고 각종 개발 이슈도 넘쳐나기 때문이다. 2040년까지 재개발·재건축 이슈가 지속되면서 구형 빌라의 은근한 인기도 동반 상승할 수밖에 없다.

재개발·재건축 틈새를 노려라

바다 아래로 빌딩이 들어서고, 하늘엔 드론이 날아다니며 초고층 빌딩이 숲을 이루고 있다. 자율주행차와 새로운 운송 수단이 접목된 서울역 풍경이 보인다.

삼성은 영국의 우주과학자인 매기 애더린 포콕(Maggie Aderin Pocock)과 미래 건축학자인 아더 마모마니(Arthur Mamou Mani) 교수 등과 함께 '스마트싱스 미래 생활 보고서'를 통해 미래 도시 풍경과 삶의 모습을 그려 블로그에 공개했다. 이러한 서울의 미래 건물과 주택은 획기적인 변화를 겪을 수밖에 없다. 실제로 서울시는 '2040서울도시기본계획'을 통해 재개발·재건축에 더욱 속도를 낼 것을 공언하고 있다. 서울 구도심의 낡은 건물이 사라지고 새로운 건물이 들어서는 것이다.

'도시 및 주거환경정비법'으로 제도화

재개발·재건축 정비 사업의 추진 절차는 앞의 3장에서 살펴본 대로 '정비구역 지정 → 조합설립 → 사업 시행계획인가 → 관리처분 → 이주·철거 → 착공·분양 → 준공·입주' 순으로 진행되는데 조합설립 후 사업 시행계획인가 단계에 각종 영향평가 등 심의에만 통상 2년 이상 소요된다. 서울시에서는이러한 일반적인 절차를 당겨보려는 정책을 펴고 있다.

서울시는 그동안 건축심의, 경관심의를 일부 통합해 운영하긴 했으나 환경영향평가, 교육환경평가, 도시관리계획(정비계획), 도시공원 조성계획 심의까지 통합 확대함으로써 2년 이상 소요되던 심의단계를 약 6개월로 대폭 단축하겠다고 밝혔다. 통합심의 대상은 도시정비법 제2조 제2호에 따른 모든 정비 사업(주택 및 도시 정비형 재개발, 재건축)이며, 단독주택재건축 및 재정비촉진지구 내 정비 사업도 포함된다.

이처럼 재개발·재건축 사업에 관심 있는 사람들은 먼저 사업 유형을 파악해야 한다. 사실 재개발·재건축 사업은 2000년대 초반만 하더라도 '도시재개발법'에 의한 재개발 사업, '도시 저소득주민의 주거 환경 개선을 위한 임시조치법'에 의한 주거환경개선 사업 등 각기 다른 법에서 사업방식을 규정하고 있어서 비효율적이었다.

이에 단일한 법 개정에 대한 요구가 나오면서 2003년 단일법이라 할 수 있는 '도시 및 주거환경정비법'이 제정됐다. 다만 단일법안으로 만들어 놓기는 했지만, 세부 사항이 매우 많기에 시행령, 시행규칙으로 따로 분류했고, 지역적인 특성을 고려해 시·도 조례상으로 세부 조항을 만들어 보완했다.

대규모 정비 사업과 소규모 재개발로 구분

　대규모 정비 사업으로는 ▲ 도로 등 기반 시설 여건이 열악하고 오래된 건물이 밀집한 지역에 가능한 재개발 사업, ▲ 주변 여건은 양호하지만 건물이 30년 이상 된 대규모 공공주택 단지에서 진행하는 재건축 사업, ▲ 역세권이나 오래된 저층 주거지에서 주민들 스스로 개발이 어려운 경우 공공이 사업을 주도하는 도심 공공주택복합사업이 있다.

　대규모 재개발·재건축이 어려운 저층 주거지에서는 ▲ 2~3개 필지 단위로 진행하는 자율주택 정비 사업, ▲ 가로구역에서 개발이 필요한 경우 가로주택정비사업, ▲ 소규모의 역세권, 준공업지역 등을 개발하기 위한 소규모 재개발 사업, ▲ 낡은 연립주택 등 200세대 미만 공동주택에 아파트를 건축하는 소규모 재건축이 가능하다.

옥석 가리는 정비 사업 안목이 중요

재개발·재건축 투자를 생각하는 사람들에게 정비 사업 투자일수록 옥석 가리기가 중요하다. 2023년 1년 사이 서울 아파트 매매 가격은 11퍼센트 떨어졌는데, 재건축·재개발은 30퍼센트 넘게 급락한 사례가 많다. 같은 돈을 들여서 투자하더라도 재건축·재개발은 사업 성사 여부나 시점에 따라 수익률이 극명하게 엇갈릴 수 있다. 재개발·재건축은 막연한 기대감을 버리고 사업성과 입지를 꼼꼼히 따진다면, 투자 성과를 볼 수 있다.

기존 주택을 허물고 새로 짓는 재건축·재개발은 소유주의 동의를 얻어 조합을 설립하고 각종 인허가도 받아야 해서 아무리 빨라도 5~10년, 길게는 20년 넘는 세월이 걸린다. 그래서 주변 신축 아파트보다 가격이 저렴하다. 또한 재건축·재개발은 시장 상황이나 정부 규제의 영향을 많이 받기 때문에 가격 변동성이 크다. 그만큼 초기에 투자하는 것이 가장 수익률이 높지만, 위험도 크기에 투자 경험이 적은 사람이라면 되도록 조합이 설립된 곳에 투자하는 게 안전하다.

용적률과 입지도 주요 변수이다. 기존 주택의 용적률(층별 건축면적 합계를 토지 면적으로 나눈 것)이 낮을수록 분양할 수 있는 주택이 많아져 유리하다. 또 지하철역이나 업무 중심 지역, 학교 밀집 지역이 가까울수록 높은 분양가를 받을 수 있어 투자 가치가 높다.

결국은 타이밍이다. 전체 부동산 경기 사이클을 이해하고 부동산 경기가 바닥을 찍고 일어서는 시기에 진입해야 투자의 의미가 있다고 봐야 한다. 또한 재개발·재건축 단계별 매수 적기를 잡아야 한다. 사업이 한 단계씩 진행될 때마다 프리미엄이 올라가게 되는데 본인의 투자 성향에 맞게 적기를 잡아서 진입할 수 있다.

오피스텔,
수익형 부동산의 꽃인가?

서울시 금천구에 사는 T씨(58). 그는 부동산 투자에 문외한이었기에 비교적 쉬운 오피스텔 투자를 시작했다. 2000년대 초 서울 소재의 한 오피스텔을 매입한 것이다. 당시 주거용 오피스텔이 아파트 규제를 피해 선풍적인 인기를 끌 때였다. 하지만 당시 시장 상황이 급변했다.

주택이 아니라서 청약통장을 쓸 필요가 없었지만 '주거용'의 경우 주택으로 간주해 세금을 물게 됐다. 또 부가가치세 환급을 고정적으로 받고 있지만, 이 부분이 이미 분양가에 포함돼 있었다는 사실도 뒤늦게 알게 됐다. 설상가상 오피스텔에 대한 정부 규제까지 본격화되면서 프리미엄이 급락하기 시작했다. 그는 결국 분양가보다 500만 원 낮게 이 오피스텔을 팔 수밖에 없었다. 금융비용과 기회비용까지 생각할 경우, T씨는 약 2,000만 원의 손해를 보았다.

그는 절치부심하며 오피스텔 투자에 대해 만회할 기회를 엿보았다. 앞서 T씨가 오피스텔 관련 투자에 실패한 큰 요인은 오피스텔은 임대수익형 상품이라는 것을 간과한 것이다. 그는 경기권으로 이사를 하면서 경기 부천에 새롭게 오피스텔 투자를 시작했다. 이 지역을 선택한 이유는 오피스텔이 저렴해서인데 매매가 8,000만 원에 샀다. 앞서 오류를 되풀이하지 않으려고 지하철 역세권에 가까운 물건을 택한 것이 주효했다. T씨가 사들인 오피스텔은 보증금 500만 원에 월세 40만 원을 받고 있다. 이를 연 수익으로 보면 480만 원이다. 이런저런 비용을 제외하더라도 7.8퍼센트의 수익률을 올리고 있다.

가격이 싼 오피스텔을 구하라

오피스텔은 값이 잘 오르지 않는 경향을 보인다. 따라서 오피스텔로 미래를 대비하려는 사람은 물건 매입을 싸게 해야 한다. 오피스텔은 미분양 땡처리나 법원 경매, 교환 시장을 이용하면 시세의 절반 가격으로 매입할 수 있다.

법원 경매로 오피스텔을 사면 시세보다 좀 싸게 살 수 있다. 오피스텔은 아파트나 주택에 비해 비교적 인기가 낮아 입찰 참가자들의 경쟁률이 낮다. 조급하게 서두르지 않는다면 주변 시세보다 30~50퍼센트 싸게 매입할 수 있다. 오피스텔 경매의 경우 권리관계가 그리 복잡한 편은 아니다.

미분양 땡처리 오피스텔 매물도 눈여겨봐야 한다. 보통 시행사가 급히 자금을 회전하기 위해서 싸게 내놓는 경우가 있다. 이런 매물은 서울 지역에서는 분양가보다 10~20퍼센트, 수도권에서는 20~40퍼센트가량 싸다. 다만 땡처리와 교환 매물의 경우 알짜 오피스텔이 많지 않은 것은 단점이다. 그래서 본인의 안목이 중요하다.

임대 수요가 많지 않은 외곽 지역도 나 홀로 오피스텔 매물이 적지 않다. 값이 싸다고 이런 매물을 섣불리 매수하면 수익은커녕 애물단지가 될 수도 있다. 조금 비싸더라도 역세권이나 대학가 주변이 유리할 것이다.

세금을 알면 오피스텔이 보인다

오피스텔을 분양받거나 매입하면 세금을 잘 파악해야 한다. 오피스텔은 업무용과 주거용으로 임대할 수 있는데, 주거용 오피스텔의 경우 1가구 2주택에 해당한다. 이런 조건이라면 취득세부터 종합부동산세까지 다양한 세금이 부과된다. 이때 세금을 막는 방법은 오피스텔을 업무용으로 등록하는 것이다. 상업지구에 있는 오피스텔은 업무용으로 임대하면 1가구 2주택에 해당하지 않는다. 주거용 오피스텔의 경우에는 주택임대사업자로 등록하면 세금을 내지 않거나 내더라도 할인받을 수 있다.

기본적으로 오피스텔은 건축법상 업무시설에 해당한다. 그런데 주거용으로도 사용할 수 있도록 설계되면서 양도세 규정이 제법 복잡해졌다. 오피스텔을 분양받으면 상가처럼 부가세를 부담해야 한다. 그런데 분양받은 사람이 일반 과세자로 등록하고 부가세 환급 신고하면 납부한 부가세를 돌려받을 수 있다. 반면 임대사업자등록을 하지 않거나 간이과세자로 사업자등록을 하면 환급받지 못한다. 오피스텔을 사무실용으로 임대하면 세금계산서를 발부하고 6개월 단위로 부가세를, 1년 단위로 종합소득세를 신고해야 한다. 임대 오피스텔이 거주용으로 사용되면 부가세가 면세된다. 주택임대사업자로 등록하면 주거용 오피스텔은 큰 수혜를 볼 수 있다. 소득세, 법인세 혜택을 주기로 했기 때문인데, 이는 자금 조달 면에서 큰 장점이다.

오피스텔 수요에 주목하자

타 부동산 상품도 그렇지만 오피스텔 역시 입지가 매우 중요하다. 도심 및 역세권과 업무지구 주변, 대학가 등 배후 수요가 탄탄한 곳은 안정적인 월세 수입과 함께 공실의 위험이 없다. 이를 위해 반드시 현장에 나가 월세 수준을 확인하고 투자 수익률을 분석해 보는 것이 좋다. 수익률을 따질 때도 초기 매입자금뿐만 아니라 관리비용, 세금 부담, 감가상각 등 추가로 소요될 제반 비용도 꼼꼼하게 짚어봐야 한다. 주변 오피스텔과 비교해 관리비가 비싸지 않은 곳이 향후 임대관리 시에도 유리할 수 있다.

오피스텔은 일반적으로 전용률이 50퍼센트가 약간 넘는 수준인데, 최근 공급되는 몇몇 오피스텔의 경우 전용률이 40퍼센트 안팎인 경우도 있다. 전용률이 55퍼센트 이상이면 괜찮다고 볼 수 있다. 무엇보다도 최근 오피스텔이 대량 공급된 지역은 피해야 한다. 일시적인 공급 증가로 인해 임차인 확보가 힘들어질 수 있고, 임대료 또한 단기간 떨어질 가능성이 크기 때문이다.

서울은 국제적인 비즈니스 허브로서 지속적인 기업들의 진출과 외국인 근로자들의 증가로 인해 오피스텔에 대한 수요가 높아질 것으로 예상된다. 또한 대중교통과 지하철 노선이 확장되고 편의시설이 갖춰져 서울의 다양한 지역에서 오피스텔 수요가 증가할 것으로 예상되기에 서울 도시계획에 따른 역세권 등의 오피스텔은 투자를 노려볼 만하다.

고급화로 특화하는 서비스드 레지던스

독일 분데스리가 바이에른 뮌헨의 공격수 해리 케인(Harry Edward Kane)은 하루 숙박비 1,700만 원을 지출하는 특급호텔 생활을 4개월 만에 마쳤다. 케인은 프리미어리그 토트넘 홋스퍼를 떠나 바이에른 뮌헨으로 이적했는데, 이 시기 아내가 넷째를 출산해 케인 혼자 가족과 떨어져 뮌헨으로 넘어왔다. 케인은 가족들이 오기 전까지 임시로 호텔에 거처를 마련했는데, 당초 예상보다 긴 4개월 동안이나 호텔 생활하게 됐다. 케인이 그동안 호텔에 지급한 돈은 '억' 소리가 난다. 케인의 방은 특급호텔 중에서도 최고급 스위트 룸이다. 케인은 호텔 직원들의 세심한 배려와 응원 덕분에 마치 집처럼 편안하게 생활할 수 있었다며 소감을 전했다.

호텔식 서비스가 가능한 숙박 시설

영국 축구 스타 해리 케인이 머문 곳이 바로 '서비스드 레지던스'이다. 서비스드 레지던스는 호텔식 서비스가 제공되고 객실 내에서 취사, 세탁 등이 가능한 장단기 거주 대체 시설인 생활숙박업으로 이해하면 쉽다. 주 사용층은 외국 관광객이나 바이어, 국내 비즈니스 출장 대상들로 장·단기 이용 모두가 가능하다. 특히 외국 관광객이 급증하면서 태부족인 숙박 시설의 대체 상품으로 관심도 커지고 있다.

한동안 시장을 주도했던 주거 전용 오피스텔보다 좋은 몇 가지 장점으로 투자자들의 관심도 예사롭지 않은 상황이다. 우선 전문 운영업체의 위탁 관리로 수익금을 받는 구조라 직접 입주자를 상대하고 관리해야 하는 주거용 오피스텔보다 매력적이다. 또한 거의 1~2년 단위로 새로운 입주자를 찾거나 월세 하향 변동성 걱정, 유지보수나 부동산 중개 수수료 등의 비용부담에서도 비교적 자유롭다. 노후 대비용 수익형 부동산을 찾는 투자자 중 임대사업 경험이 없거나 대인관계가 자신 없는 경우 주거용 오피스텔보다 서비스드 레지던스 선택이 상대적으로 유리할 수 있다.

그렇다면 서비스드 레지던스 유망 지역은 어디가 좋을까. 서울의 경우라면 외국인들의 왕래가 잦은 명동이나 남대문, 인사동, 시청 등을 유망 지역으로 꼽아볼 수 있다. 도심권 외 지역으로는 강남권도 예외는 아니다. 강남역 일대는 외국인 관광객 수요, 장·단기간 비즈니스 출장을 오가는 이용 수요가 풍부하기 때문이다.

사정이 이렇다 보니 요즘 서비스드 레지던스로 사업을 변경하거나 레지던스형 오피스텔로 전환해 공급하는 물량도 늘고 있다. 서울에서는 신촌, 용산, 구로, 마곡, 잠실 등지에서 공급 중이며 관광지로 유명한 제주도도 공급이 활발하다.

특히 서울 서초구 서초동에서는 대우건설이 짓는 '강남역 푸르지오 시티'가 준공 후 서비스드 레지던스로 운영할 상품을 분양 중이다. 강남은 삼성타운을 찾는 해외 바이어와 약 90만 명의 비즈니스 수요가 상주하는 역삼-강남-양재를 잇는 강남 비즈니스 권역에 있다. 인근 삼성타운(약 2만 명 상근)을 찾는 해외 바이어들의 꾸준한 수요를 기반으로 객실 가동률이 80~90퍼센트에 이를 것으로 예상돼 오피스텔보다 서비스드 레지던스의 경쟁력이 높다. 업체 측에 따르면 실투자금은 1억 원대로 최대 연수익률은 10.8퍼센트가 가능하다는 설명이다. 그러나 서비스드 레지던스 투자에서 신경을 써야 할 부분도 있다. 합법적 상품 여부, 운영업체 능력, 객실 가동률, 입지 등은 꼼꼼히 따져봐야 한다.

서비스드 레지던스 투자법

서비스드 레지던스는 임대수익형 투자상품으로 인기가 높다. 오피스텔 투자환경이 비교적 침체하면서 레지던스에 대한 투자 유형이 확대되는 것이다. 특히 기업체가 몰려 있는 산업단지 인근 등 월세 수요가 많은 곳을 잘 고른다면 연 수익률이 6퍼센트 이상 나올 수 있다. 실제로 서울 동대문구에 사는 J씨(49)는 서울 용산구 문배동에 들어선 레지던스 호텔 2채를 3억 원에 분양받았다. J씨는 한 채당 매달 82만 원을 관리회사로부터 받고 있다.

레지던스는 오피스텔처럼 소액투자가 가능하고 개별 등기로 자유롭게 매매할 수 있다. 또한 취사 시설을 갖춘 주거시설로 소유자 본인의 실거주는 물론 장단기 임대나 위탁 운영 방식으로 일일 숙박업을 하는 등 다양한 용도로 활용할 수 있다. 투자환경 변화 속에서 생활형 숙박 시설로 은퇴 이후를 준비하고자 한다면 반드시 전략적으로 접근해야 한다.

먼저 소액 계약금만으로 대부분을 대출에 의존한 채 저렴한 분양가에 프리미엄을 붙여 시세차익을 실현하려는 단기 전매 투자는 자제해야 한다. 고금리 지속이 예상되는 만큼, 대출 이자 부담이 늘었기 때문이다. 시장 침체를 벗어나는 데도 상당 기간이 걸릴 것으로 보인다.

또한 생활형 숙박 시설은 숙박 시설인데도 편법으로 실거주할 방법을 안내하거나 오피스텔 전환이 안 되는데 가능한 것처럼 안내하는 '편법 마케팅'이 성행하고 있으니 주의해야 한다. 소유자가 직접 살다가 적발되면 이행 강제금이 부과될 수 있다.

이외에도 분양 사무소의 '확정 수익률 보장'이라는 달콤한 문구에 현혹되지 말고 분양 이후 상황을 예상해야 한다. 급매로 나온 좋은 입지의 생활형 숙박 시설이라도, 중장기적으로 안정적인 수익률을 얻기 위해서는 객실 가동률이 어느 정도 나올지 따져 볼 필요가 있다. 평균 객실 가동률이 70~80퍼센트 이상 나와야 고정 임대수익과 함께 추가 운영 수익도 기대할 수 있다.

'쉬어가는 것도 투자'라는 말이 있다. 주식과 마찬가지로 수익형 부동산에도 하락기가 있다. 노년의 윤택한 삶을 준비하고자 하는 마음에 조급함이 있을 수는 있지만, 위험을 최소화하게끔 적기를 기다리는 인내심을 가져야 할 때다.

땅 가치의 비밀은 도시계획

서울의 한 고등학교에 근무하는 D교사는 1990년대 초반 부동산업을 하는 이모부로부터 경기도 용인 땅을 사두면 나중에 큰돈이 될 것이라는 권유를 받았다. D교사는 이모부와 함께 용인 현장을 방문했는데, 그 땅은 관리지역으로 3,000만 원에 나온 2천 제곱미터짜리 2필지였다. 평당 6~7만 원 내외에 불과했다. 하지만 D교사는 땅에 대한 확신이 안 들고 장기투자라는 말에 땅 매매를 포기했다.

그런데 1년이 지나자 D교사에게는 심기가 불편한 이야기가 들려왔다. 이 땅이 1년 정도가 지나자 9배나 올랐다는 것. 현재 그 땅은 평당 수백만 원에 육박한다. 그 원인은 관리지역이었던 그 땅이 도시지역으로 편입됐기 때문이다. 그만큼 용도변경은 황금알을 낳을 수 있는데, 그 땅이 역세권일 경우 로또에 버금갈 수 있다.

대한민국에서 1평 땅의 가치

좁은 국토를 가진 우리나라에서 땅의 가치는 계속 오를 수밖에 없다.

물론 땅 투자가 모두 투자 가치가 있는 것은 아니다. 어떤 가치를 가진 땅을 사는가가 땅 투자의 성패를 좌우한다. 개별 땅은 주택시장에 영향을 미치는 다양한 요인들이 있다. 대한민국에서 1평 땅의 가치는 무엇일까? 서울 명동 1평과 전남 진도군 조도면에 있는 1평 땅의 가격 차이는 비교할 수가 없을 정도다. 그렇다면 같은 1평 땅이라면 더욱더 가치가 높은 혹은 높아질 땅에 투자하는 것이 합리적이지 않겠는가.

이에 따라 미래에 가치가 높아질 좀 더 잠재력 있는 땅을 찾아 투자할 것을 제안한다. 국가철도망 구축계획을 찾아보라. 역세권 땅 투자는 부가가치가 높은 투자 방법이다. 철도역이 새로 들어서거나 확장하는 곳 주변으로 도시개발이 함께 추진되는 경우가 많다.

땅 투자라면 손사래를 치는 사람들도 많다. 큰돈이 들 것이라는 생각 때문이다. 하지만 3,000~5,000만 원 정도로 충분히 가능한 게 땅 투자다. 투자가 목적이라면 꼭 필지 단위로 사지 않아도 된다. 땅을 사고자 한다면 지분만큼 투자할 수도 있다. 신뢰하는 친구나 지인들과 공동투자에 나서면 큰돈을 들일 필요가 없다. 땅 투자는 단기 투자가 아니라 짧게는 3~5년에서 길게는 7~10년을 봐야 하기에 소액투자가 더 맞을 수 있다. 미래의 어떤 행정구역, 어떤 환경, 어떤 전제조건의 변화에 가치투자를 하는 것이다.

땅 투자를 계획할 때는 반드시 '용도변경'이라는 단어를 눈여겨보아야 한다. 용도변경이란 '건축법'에 의해 구분 적용된 건축물의 용도를 타 용도로 변경하는 행위를 말한다. 만일 농촌의 관리지역이 도시지역으로 편입된다면 땅값은 어떻게 변할까? 도시지역에 편입된다면 녹지가 아닌 한 용적률 한도가 높아져 건물을 높게 지을 수 있고, 개발도 쉬워져 땅값이 매우 오를 것이다.

미래 땅의 가치를 읽어라!

사실 땅의 미래 가치변화는 하루아침에 이루어지지 않는다. 인구가 늘고 상권이 발달하면 땅의 부가가치가 높아진다. 땅의 용도가 주거지역에서 상업지역으로 바뀌어 토지의 이용도가 높아져 땅값이 올라가는 것이다.

그러나 땅의 용도는 국토의 계획 및 이용에 관한 법률에 규정되어 있다. 국토는 토지의 이용실태 및 특성, 장래의 토지이용 방향 등을 고려해 도시지역, 관리지역, 농림지역, 자연환경보전지역 등 크게 4가지 용도로 구분돼 있다. 투자자는 이러한 토지와 지역의 성격을 파악해 투자 시 잘 활용해야 한다.

미래 땅의 가치를 예측하려면 도시기본계획에도 관심을 가져야 한다. 도시기본계획이란 국토의 한정된 자원을 효율적이고 합리적으로 활용하여 도시를 환경적으로 건전하게 또 지속적으로 발전시킬 수 있는 정책 방향을 제시하는 설계도라고 생각할 수 있다. 도시기본계획 안에는 도시의 장기 발전계획과 청사진 등이 구체적으로 나와 있는데,

투자자는 이러한 도시기본계획을 잘 파악해 두어야 위험을 줄여 안정적인 투자를 할 수 있다.

땅의 가치변화는 행정구역, 환경, 역세권 전환 등 미래의 변화에 연동돼 있고, 미래는 누구도 예측할 수 없으니 남다른 통찰력이 필요하다. 다양한 정보와 정책 변화에 귀 기울여서 땅의 숨은 가치를 읽는 안목을 키워야 한다.

'블룸버그'가 꼽은 최고 미래학자이자, 지난 10년 넘게 불확실한 시장을 읽고 미래를 전망해 온 금융 예측가인 제이슨 솅커(Jason Schenker)는 땅 자체에 투자하는 걸 권한다. 그는 땅은 인간이 만들 수 있는 자본이 아니어서 다른 자산보다 희소성이 크다고 주장한다. 그의 통찰력을 참고해 보자.

서울의 땅은 '도시기본계획'이라는 곳에 숨어 있다. 거대 서울을 개인이나 기업이 개발할 수는 없다. 국민의 세금으로 정부나 지방자치단체가 미리 계획을 세워 천천히 살기 좋은 곳으로 개발하는 것이므로 우리는 그 계획을 살펴보고 '돈 되는 땅'이 어딘지 알아내 투자하면 되는 것이다. 서울시는 '3도심', '7광역중심', '12지역중심', '53지구중심'으로 서울을 개발하겠다고 밝혔다. 이 계획에 땅 가치의 비밀이 숨어 있다.

꼬마빌딩을 꿈꿀 수 있는가?

서울 마포구 성산동에 있는 지상5층 꼬마빌딩의 건물주는 2018년 14억 원에 산 기존 건물을 헐고 새로 지어 32억 9,000만 원에 매각했다. 꼬마빌딩은 연면적 3,305제곱미터(1,000평) 미만 건물을 말한다. 2023년 2분기 서울지역 상업·업무용 건물 거래량은 1분기보다 50퍼센트 정도, 거래금액은 1조 원 이상 급증했다. 2003년 하반기 100억 원대 이하 꼬마빌딩 시장에 매물이 더 늘었고 거래량도 증가하였다. 급매물도 증가했다. 2024년 지속적인 땅값의 상승, 건축비 증가, 금리 인상 등으로 건물주가 무조건 성공하는 시대는 아니다. '똑똑한 꼬마빌딩 건물주'가 돼야 하는 세상이다.

꼬마빌딩의 다양한 유형과 투자 방법

누구나 한 번쯤 꿈꿀 수 있는 부동산이 '꼬마빌딩'이다. 꼬마빌딩이라고 하면 '원룸 건물' 혹은 '사무실 건물' 등으로 생각하는데 꼬마빌딩의 종류는 훨씬 다양하다. 가령 건물 전체를 상가로 임대하는 물건인 '통상가'도 있다. 저층은 상가 점포로 임대하고 상부층은 사무실로 사용하는 상가와 사무실 복합건물도 있다. 이외에도 투룸, 쓰리룸 등 주택 건물도 꼬마빌딩의 범주에 들어간다.

그러나 주변을 잘 살펴보아야 한다. 예상치 못한 악재는 끊임없이 우리를 둘러싸고 있다. 꼬마빌딩 투자도 이러한 변수를 고려해서 접근해야 한다. 결국 살아남는 꼬마빌딩의 필수 조건은 '우수한 임대수익과 환금성'이다. 임대수익이 높으면 어려운 상황도 버티는 힘이 되고 환금성이 좋다는 것은 최악의 상황에도 우선 매각하고 피해를 줄일 수 있기 때문이다. 이 모든 것은 투자자의 몫이다.

꼬마빌딩 투자는 땅을 매입하여 새로 건물을 신축한 후에 보유하거나 매각하는 방법이 있다. 신축 후 가치를 높여 바로 매각하거나 장기적인 전망이 좋다면 임대수익과 더 큰 시세차익을 목표로 한다. 또한 기존 건물에 리모델링을 하는 방법이 있다. 구형 건물에 내·외관 공사, 증축, 개보수, 용도변경을 하는 것이다. 리모델링으로 가치를 높인 후 매각하여 시세차익을 보거나 임대를 할 수도 있다.

지하철 개통이나 지역 개발 등 호재 이슈에 따라 시세차익이 예측되는 경우 주변의 꼬마빌딩 땅이나 건물을 사서 기존 상태로 보유 후 적당한 시기에 매각할 수도 있다. 이외에도 매입한 꼬마빌딩에 주택을 만들어 직접 거주하거나 상가점포나 사무실을 직접 이용하면서 사업소득을 올리는 것도 좋은 투자 방법이다.

꼬마빌딩 투자 시 주의해야 할 것

환금성에 맞춘 투자전략을 세워야 한다. 서울을 포함한 인접 수도권에서 괜찮은 꼬마빌딩을 매입하려면 최소 30~50억 원이라는 큰돈이 들어간다. 아파트나 오피스텔, 구분상가에 비해 상대적으로 큰 금액이다. 큰돈이 들어가는 만큼 투자 실패 시 충격도 크다. 따라서 현재의 수익성보다는 언제든 되팔 수 있는 환금성에 더 큰 비중을 두고 투자하는 편이 좋다.

또한 검증된 점검표를 통해 우량매물을 선별한다. 자산가들 사이에서 꼬마빌딩이 큰 인기를 끌면서 상대적으로 상권 및 입지가 뛰어난 인기 지역을 중심으로 매물 품귀에 따른 이른바 '매도자 우위 현상'이 나타나고 있다. 특히 10~20대층 유동 인구가 넘쳐나는 서울 강남 및 도심권 명소 소재 꼬마빌딩은 매물이 없어서 못 팔 만큼 귀한 존재로 각인된 지 오래다. 문제는 우량매물들이 빠르게 소진되면서 매물 품귀 현상이 나타나자 그렇지 못한 매물들까지 우량매물로 둔갑해 속속 등장하고 있다는 점이다.

이외에도 눈에 보이는 임대수익률에 현혹되어서는 안 된다. 현재의 임대수익률이 높다고 해서 무조건 좋은 매물은 아니다. 통상 수익과 위험은 비례관계를 가지기 때문에 임대수익률이 높아지면 높아질수록 투자에 수반되는 위험률도 높아지기 마련이다. 따라서 부동산 임대수익률이 시장평균치보다 지나치게 높으면 왜 그런지 합당한 이유를 찾아봐야 한다. 특히 매도자가 내세운 위장임차인인지 아닌지, 임대료에 건물관리비나 부가가치세가 합산되어 있는지 여부, 불법 퇴폐 유흥업소 등 민원유발형 임차인이 존재하는지 여부, 1년 미만의 초단기 임대차 계약인지 여부, 무보증금 깔세 임차인인지 아닌지, 불법건축물이 존재하는지 여부 등을 꼼꼼히 확인할 필요가 있다.

똑같은 꼬마빌딩이라고 해도 투자자의 자산, 계획, 환경에 따라 모두 다른 방법으로 해야 한다. 당장 금융이자를 막을 수 없다면 직접적인 경제적 고통이 따를 수밖에 없다. 어떤 변화에도 버틸 수 있는, 피해 갈 수 있는 꼬마빌딩을 보유해야 한다.

도시의 랜드마크가 될 꼬마빌딩

미래의 꼬마빌딩은 혁신과 지속 가능성을 중심에 둔 도시개발의 상징이 될 것이다. 이 미래 건물은 친환경과 에너지 효율성을 강조하여 자연과 조화롭게 공존한다. 지능형 시스템과 IoT 기술을 통해 건물 내부와 외부를 연결하여 주민들의 편의를 높이고 생활의 질을 향상시킨다. 꼬마빌딩은 다양한 산업과 사회적 측면에서 유연한 용도로 사용될 것이다. 예를 들어, 작은 규모의 창업기업이나 예술가들을 위한 창작 공간으로 활용되거나, 공유 작업 공간으로 서로의 아이디어를 공유하고 협력할 수 있는 공간으로 변신할 것이다.

미래의 꼬마빌딩은 도시의 랜드마크로 자리매김하며, 고층 건물의 번잡함을 벗어나서 자연스럽게 어우러지는 모습을 보여줄 것인데, 구체적인 방향을 소개한다.

먼저 상권을 주도하는 MZ세대 유입이 많고 배후지가 탄탄한 발달상권을 중심으로 회복세를 보일 것으로 전망된다. 서울 용산역 상권의 '용리단길'이 활성화되고, 외국인 유입의 증가로 명동, 광화문, 남대문 상권이 회복되고 있는 점은 좋은 사례다. 또한 인구증가, 소득증가, 인프라 증가, 행정계획이 증가하는 성장지역을 선택하는 일이 중요하다. 임대수익률, 자본수익률, 투자 수익률이 증가하고 공실률은 감소하며, 정보산업(ICT)·스타트업·서비스산업, 금융업, 4차 산업 등 신규사업 수요가 쏠리는 성장상권이 여기에 해당한다.

지역별로는 서울과 경기, 인천 등 수도권이 가장 성장력이 높고 유망한 상권으로 꼽힌다. 서울을 대표하는 상권으로 광화문, 세운지구, 종로3가, 을지로3가, 용산, 성수, 상암, 마곡, 노량진, 여의도, 영등포, 강서, 가산·구로디지털지구 등을 들 수 있다. 강남권은 강남대로, 테헤란로, 양재대로, 도산대로, 학동로, 압구정로, 논현로, 올림픽로, 백제고분로를 주목하자.

꼬마빌딩은 자본수익과 임대수익의 복합수익 기대감이 높으나 대출 비율이 높으면 금리가 오른 만큼 이자 부담도 커질 수밖에 없다는 단점이 있다. 1년 뒤 자산증식을 생각한다면 거품이 잔뜩 낀 서울 등 수도권의 주거용(아파트 등)보다는 성장지역, 핵심 입지, 발달상권의 상가, 상가주택, 꼬마빌딩에 투자하는 것이 유효할 수 있다.

EPILOGUE

2024년 3월, 꽃샘추위를 피해 서울의 한 동네 카페에서 따뜻한 아메리카노 한 잔을 마시며 책의 집필을 마무리하고 있었다. 노트북을 마주하며 글을 정리하는 중 옆 테이블에 앉은 부부로 보이는 남녀의 대화가 귀에 들어왔다.

"아파트 시세가 더 떨어질 것 같은데, 우리 매입 시기를 더 지켜보자."

"뭐 얼마나 더 떨어지겠어. 기회가 왔을 때 사야지."

부부로 보이는 그들은 초등학교 근처 한 아파트 매매를 둘러싸고 좀처럼 이견을 좁히지 못했다. 그들의 대화에 끼어들 수는 없었던 나는 속으로 좀 답답했다. 왜냐하면 아파트 매매의 문제가 단순히 현재 부동산 시장의 오르내림 정도로 판단할 사안은 아니라고 보았기 때문이다. 아파트를 사는 것은 정말 종합적인 판단의 문제다. 현재 부부가 가진 재무 상태부터, 자녀의 학교 관련 여부, 향후 해당 부동산의 미래 전망 등 다양한 요소들을 점검하여 결정할 일이다.

지난 2023년 9월 전국 아파트 월별 거래량은 3만 4,023건을 기록한 이후 지속해서 감소했다. 2024년 1월 2만 7,781건을 기록하며 2023년 12월 기록했던 2만 4,116건에 비해 반등에 성공했다. 하지만 한번 주춤해진 주택 구입 심리는 아파트 매매 가격 하락과 맞물리며 2024년 3월 현재 부동산 시장이 좀처럼 되살아나지 못하고 있다. 계절적인 성수기인

봄 이사 철이지만 관망하는 수요자가 많다. 이러한 부동산 통계 수치도 시기별 상승과 하락이 반복되겠지만 결국 부동산 매입은 자신과 가족에게 가장 유리한 설계도를 만들어 판단해야 할 문제이다. 특히 서울 부동산은 미래의 메가 트렌드를 잘 읽고 서울시의 '2040서울도시기본계획'에서 발표한 내용을 토대로 방향을 숙지해야 한다.

　서울의 미래 메가 트렌드를 뽑는 과정은 자료와 취재가 한몫했다. 난 현장을 중시한다. 부동산 관련 트렌드가 보이면 차를 타고 현장에 가서, 꼭 확인한다. 메가 트렌드로 꼽은 '콘텐츠 팔로잉'에서 사례로 들었던 서울 종로구 익선동에도 직접 가서 식사하면서 분위기를 살폈다. 익선동은 1920년대 일제 강점기 시절, 조선 최초의 부동산개발업자, 일명 디벨로퍼라 불리는 '정세권'이 조선인을 위해 작은 규모로 도시형 한옥을 만들어 분양한 일종의 계획도시 지역이다. 당시 정세권은 돈이 없는 조선인을 위해 연부, 월부처럼 할부 형태로 집을 보급했다. 그런 역사를 배경으로 2014년 신세대 디벨로퍼들이 익선동 골목길 재생 프로젝트를 시작했다. 새로운 콘텐츠가 만들어진 것이다. 이러한 역사적 배경과 콘텐츠는 익선동의 부동산 가치를 상승시키는 결과로 이어졌다.

　익선동의 사례는 부동산 측면에서 시사하는 바가 크다. 이제 서울은 아주 제한적인 땅을 갖고 있어 개발할 필지는 거의 없다. 이제는 어떻게 땅을 개발하고 얼마나 보이지 않는 가치를 발견하느냐에 따라 향후 부동산의 성패가 달려 있다. 이러한 관점에서 필자는 서울의 미래 부동산을 정리했다. 독자 여러분들이 미래 부동산 투자를 통찰해가는 여정에 작으나마 도움이 되기를 바란다.

황태연